創造力を鍛える

マインド ワンダリング

モヤモヤから価値を生み出す
東大流トレーニング

中尾政之／上田一貴
井熊均／木通秀樹／劉磊

B&Tブックス
日刊工業新聞社

はじめに

　筆者の一人の中尾は、今年、初めて東大機械系の就職担当になった。多くの企業の人事担当者と面談すると、学生を専門知識だけでなく、「地頭(じあたま)」で採用を決めるという。「地頭」とは何か。辞書で調べると、それは「大学の教育で与えられたのでない、本来の頭の良さ」とある。つまり大学で学んだ知識の多寡でなく、それ以外のコンピテンシー（仕事に必要な能力）で選ぶらしい。具体的には、論理性、発言力、協調性、創造性、粘り強さ、などを見る。

　つい最近の 2009 年のリーマンショック以前は、企業は専門知識だけを見て、機械系が学科推薦した学生を選り好みせずに採用してくれた。しかし、状況は一変した。グローバルに展開している企業ほどその変化が大きく、面接の結果、新商品や新市場の開発能力が無いと判断すれば、翌日に不合格メールを送る。1 時間程度の面接で開発能力がわかるとは、筆者はとても思えないが、要は「自分で考えて自説を形成し、それを他人に説明できるか」という能力らしい。教員も、卒業論文の試問練習のときに「君の意見を言え」と学生に迫ってしごいているが、一朝一夕には変わらない。

　この自説形成能力が役立つ対象は、高尚な発明発見だけではない。日々の課題にも適用でき、人生を楽しくさせる。たとえば、明日の献立、週末の娯楽、ボーナスの支出、今年の抱負、住まいの購入、出世の見立てのような、自分の意志で答えが 180 度変わるような課題には、すべて自説が必要である。ここで、自分の頭を使わずに、グーグルで情報を探し、ツイッターで友人に聞いて、サイコロで決めると、仮にその通りになっても自分の気持ちは晴れない。人間の脳は自分で生成した仮説が立証できたときに、「やっぱり自分は賢かったンだ」と思って満足する。他人の仮説ではない。

　脳科学によると、自説形成は、何かに集中しているときでなく、無意識にいろいろな記憶を思い起こして脳の中のアチコチが発火している、「マインドワンダリング（心の彷徨）」のときに起きるらしい。自説形成には、演繹や帰納

のような論理性は必要なく、脳内で想起している記憶群を使った直観、つまり「アブダクション（仮説生成）」だけで十分である。たとえば、今日の筆者の自説であるが、「かた焼きそばに黒酢をかけると美味くなる」「50歳の映画主人公も自分と同じ58歳になれば、続編を作るとしたらこうなる」「あと5mでなく、2mの位置に旗を渡せば背泳ぎのターンで腕をぶつけなくなる」のような他愛のない仮説も自説であり、論理性は不要である。日本人は、高校生までの教育において、基礎的な思考方法がしっかりと刷り込まれているので、思い付きの仮説でも結構、実現可能で面白いものが多い。

　現代は、脳波が正確に測れるようになって、自分の脳が今、マインドワンダリング状態に入ったことがリアルタイムで見て取れる。このときに、違和感や感動をキッカケにして、閃きやアイデア、直観、夢、抱負のような仮説を立てる。さらに立証は後でやるとして、忘れないうちにノートにメモしておけばよい。自説を多く「貯金」している人ほど、イザというときの交渉の場（学生ならば採用面接）で、過去に考えておいたものを取り出すだけで気のきいた解を短時間で提案でき、相手は「この人は地頭が良い」と感じるであろう。

　本書は、このような脳の状態に自ら制御して持ち込もうと、前半で筆者らが試した方法を紹介する。やってみると、普通の人は毎日を変化無しで暮らしているので、そもそも考えたくても思考のキッカケが掴めないから考えないことがわかった。筆者も偉そうなことを言っても雑用で忙しく、3日に1回くらいしか自説形成に時間を割けなかった。そこで、自説形成のために強制的に思考のキッカケを与えるような演習を設計して、この2年間で筆者らの同僚や学生に頼んで試してみた。後半にその実験方法と結果を示す。

　本書をキッカケに、読者も、自分流儀の自説形成にチャレンジしてみたらどうだろうか。1年間も続けてセッセと自説をノートに書いていれば、必ず、「面白いことを考え付く」クリエーターとして、読者も見られるようになる。

2017年2月

著者代表　中尾　政之

目 次

はじめに ……………………………………………………………………………… i
目　　次 ……………………………………………………………………………… iii

序　章　自説形成／自己実現には準備期間が必要だ …… 1

1. 創造力を脳科学で分析し始めた ………………………………………………… 2
2. アブダクション（abduction、仮説推量）を試みてみよう ………………… 3
3. 創造すると人生が楽しくなる …………………………………………………… 4
4. モヤモヤから何か引き出してみよう …………………………………………… 6

コラム1 チャレンジャーにはモヤモヤが必要だった …………………… 9
1. 志を想い起こしベンチャー上場へ …………………………………………… 9
2. 才能が開花しNPO代表に ……………………………………………………… 10
3. 10年の時を経て実現したインキュベーション …………………………… 11
4. 農業への志が拓いた農業再生への道 ………………………………………… 13
5. 自己実現を実現する人生を送りたい ………………………………………… 14
6. 「自己実現欲求」への茨の道 ………………………………………………… 15
7. 自己実現の達成が企業と日本の将来を決める ……………………………… 16
8. 企業価値を高める経営 ………………………………………………………… 17
9. 自己実現応援経営／政策 ……………………………………………………… 18

第1章　積極的に脳から自説を出力しよう …… 19

1. 東大生は勉強に集中して、知識を脳に入力することに長けている ……… 20
2. 21世紀になるとお手本がなくなり、創造が必要になった ………………… 22
3. ちょっと息を抜いて創造してみよう ………………………………………… 24
4. 日々の仕事の中に創造する時間を作ろう …………………………………… 28

| コラム2 | 東大生は反復継続の仕事が得意?! | 31 |

    1 東大生は内向的・独善的で反復継続の仕事に最適 ... 31
    2 東大生に内向的・独善的な性格の子が集まるのは受験勉強のせい? ... 33
    3 心を折られる技術者 ... 34
    4 「秀才」の意味 ... 35
    5 「心ある秀才」が発想家を育てる ... 36

第2章 マインドワンダリングしながらモヤモヤをノートに書き留めてみよう ... 39

1 イノベーションや創造を生み出す"お作法"を知りたい ... 40
2 イノベーションや創造を生み出すまでの時間は長い ... 41
3 設計の目的まで遡ると、別の設計解が見つかる ... 43
4 困ったときは、設計過程の上流に遡って考え直せ ... 45
5 要求機能を列記したあとに、設計解を考える ... 49
6 設計の上流になるほど、アブダクションが求められる ... 51
7 アブダクションで思考をジャンプさせる ... 59
8 呼吸を数えるうちにマインドワンダリング状態に入っていく ... 61
9 自説形成法を教育で用いてみよう ... 62

| コラム3 | 東大生よりもワトソン君のほうが賢くなる?! | 64 |

    1 恐ろしい速度でAIが進化している ... 64
    2 人間は意志を持つから面白いし、そこがコンピュータとは異なる ... 65
    3 企業の中ではすべての人間が優先的に意志を示せるわけではない ... 67

第3章 創造的思考の科学的アプローチ ... 69

1 閃きはどのようにして生まれるのか? ... 70
2 あなたの無意識を可視化する脳科学 ... 72
3 脳のいろいろな思考状態を可視化する ... 74
4 創造的思考時の脳活動を測ってみると ... 76

5	創造性とはものを結びつける能力である	78
6	創造性の源泉をマインドワンダリングで活性化	79
7	世界のエグゼクティブが瞑想にはまるわけ	81
8	楽しんでマインドワンダリングをしよう	83

コラム4 自分の脳波をモニタリングして、脳をコントロールしよう ... 84
 1 自分の脳の状態を簡単にモニタリングする ... 84
 2 ニューロフィードバックで自分の脳をコントロールする ... 86
 3 集中しているとき、瞑想しているときの脳活動をモニタリングする ... 88

第4章 物を描き、本を読み、人に会い、事を計り、旅に出て、運を占おう ... 91

1 違和感や感動が思考の起点になる ... 92
2 キッカケを起点に思考を進めて、設計解候補を準備する ... 93
3 何も考えることがなかったら、とにかく外に出てみよう ... 93
4 ほかにも、キッカケを得る方法がある ... 96
5 違和感を捉えられない人は"まさか"の失敗を"想定外"と呼ぶ ... 99
6 短期間の講習会で自説形成に磨きをかけられないか ... 100

第5章 自説形成のキッカケを研修で掴もう ... 103

1 非日常で掴む自説へのキッカケ ... 104
2 第一歩は日常の中の非日常の発見 ... 105
3 自説形成のプロセスと機能分解 ... 107
4 スティーブ・ジョブズの自説形成プロセス ... 109
5 5つの基盤能力を自己認識し、呼び起こす手段 ... 112
6 5つの基盤能力を研修で体験し、修行の疑似体験をしよう ... 114
7 キッカケを掴む「基盤のトレーニング」 ... 115
 (1) 感性基盤トレーニング ... 117
 (2) 情報基盤トレーニング ... 120

(3) 価値観基盤トレーニング ································· 123
　　(4) 経験基盤トレーニング ··································· 125
　　(5) 手法基盤トレーニング ··································· 128
　8 脳の基盤の見える化 ··· 130
　9 トレーニングで日々の生活をキッカケの場に ················ 131

コラム5 自説の価値を理解してくれるまで他人に説明する ········ 135
　1　ニーズ発想の幻想 ·· 135
　2　教えられたことを確実に行う秀才が横並びを生み出す ········ 136
　3　差別化を考えたことがない秀才 ······························ 136
　4　偉大な商品はイメージから生まれた ·························· 137
　5　未来のニーズを捉える ······································· 139
　6　ニーズ型開発とプロダクトアウト型開発の究極の一致 ········ 139
　7　どうすれば未来のニーズを捉えられるか ······················ 140
　8　未来のニーズはなぜ企業の中で認められたのか ··············· 141
　9　官僚を増やし過ぎた日本企業 ································· 142
　10　未来型商品を開発できるようになるための3つの取り組み ··· 143
　11　インキュベーション・コンソーシアムでの体験 ··············· 144
　12　技術とマーケティングの両方を経験する ···················· 145

第6章　自説を作って一歩踏み出せば創造が近づいてくる ········ 147

1 自説を作れば、それがイノベーションや創造に直接、繋がるのか ········ 148
　(1) ニーズ主導型：顧客から要求機能を提示されたときに、設計解として、たまたま過去に考えていた自説が流用できる場合 ········ 150
　(2) 交渉補正型：イチオシの自説を顧客に提示し、顧客の顔色を見ながら変更・補正していったら、顧客も譲歩して要求機能を多少、補正してくれて、その結果、両者が満足する設計解を選出できた場合 ········ 150
　(3) シーズ主導型：イチオシの自説に投資してくれそうな人を探し、熱心に自説を説明し、その熱意に負けた顧客を強引にプロジェクトに引きずり込んでビジネスにつなげる場合 ········ 151
2 日本のイノベーションや創造に合う方法は交渉補正型である ········ 153

❸ 自説をたくさん考えてニーズ主導型のビジネスを進めよう	154
❹ 自説が本当にイノベーションや創造を生んで、価値に変換できたか	156

コラム❻ 一流の経営者は皆、確固たる自説を持っている ··············· 157
  1　成功者は変わっていない ·· 157
  2　成功者は多趣味である ·· 157
  3　20年かけて培った趣味には価値がある ····························· 158
  4　救いを感じる偉大な経営者の生き様 ································ 163
  5　誰にでも偉大な経営者と同じ種子がある ··························· 164

終章　自説形成の方法を習得すれば、歳を取ってもアイデアを創出できる　167

❶ 考えるのが楽しくなったらシメタものである ························· 168
❷ 歳をとるほどアイデアが出る ·· 172
❸ 筋肉は衰え、頭は冴える ·· 172
❹ 脳の機能を高めたと思われるトレーニング ··························· 173
❺ 結局は向上心ということ ·· 175

索引 ·· 178

序章

自説形成／自己実現には準備期間が必要だ

自分で考えて自分の人生を舵取りするような、重要な自説形成／自己実現は、前触れもなく、突然に生じるわけではない。それらの前には、多くの前駆体（化学反応によってある物質が生成される前の段階にある物質）のような知識や思考、感情などが混沌と生じており、本人の中にはモヤモヤと霧がかかっているような気持ちが長時間（たとえば半年間）漂っている。しかし、何かをキッカケにこれらの前駆体が融合し、設計解として瞬時に顕在化して、仮説立証の具体化段階へと設計は進む。

1 創造力を脳科学で分析し始めた

　本書は、東京大学に設置した日本総研との社会連携講座において、筆者らが3年間、研究した成果を記したものである。**内容を一言で言えば「創造力を簡単に身につけられる方法の開発」**についてである。これだけだと、ものすごく怪しげに聞こえる。そこで、脳科学の研究者であり筆者の1人の上田を、研究グループに引きずり込んで工学的にアプローチした。昔から多くの研究者が、創造力云々の持論を心理学的・文系的に提唱してきた。「この本の内容はいわゆる"脳トレ"ですか」と問われれば、「それよりは工学的・理系的です」と答えている。何しろ、筆者らは自分の脳の動きを可視化実験で観察しながら、「どういうときに創造しているか？」を探ってきたからである。

　創造力について研究のキッカケは、「近頃、情報分析や問題解決の能力は備わっているけれど、統合設計や問題提起の能力がイマイチの若者ばっかり」という筆者の中の年配者、中尾と井熊のボヤキであった。大学教員の中尾は機械設計が大好きである。これまでに学生向けに自由課題の創造設計演習なるものをいくつも開講してきた。しかし、学生の半数は、後者の統合設計や問題提起の能力が発揮できず、「まず何を作るべきか」というターゲット設定の段階で頭を捻るだけで次に進めないのである。教員が「好きなものを作っていいから、このお金で秋葉原に行き、部品を買っておいで」と優しく言っても、その好きなものが思い浮かばない。もっとも、高校生までにそのような設計の授業がなかったから、しようがないのであるが……。

　前者の情報分析や問題解決の能力は、たとえば「150円のリンゴ3個と100円の柿2個を買うと合計でいくらか？」という算数の問題を解くときに発揮できる。受験の勝ち組の東大生は、たちまちに式を立てて唯一の正解の650円を出力できる。一方、後者の統合設計や問題提起の能力は、「家族の喜ぶ果物を買いたいが、650円で何を選べばよいでしょうか？」という生活の問題を解くときに発揮できる。これこそ設計である。お釣りが生じてもかまわないので

正解は無限に存在する。しかし、東大生は「これでは一意に解けません」と言って、頭の演算スイッチをオフにする。受験では、○か×か、が一意に決まる問題しか出題されない。企業で問われる問題、たとえば「君のエンジニアリングセンスを使って（または、任意の制約条件を好きに仮定して）早く作れ！」というような問題には、初対面だから面食らうのも当然である。それでも学生の半数は「それではお言葉に甘えて」と言って嬉々として自前の設計を始めてくれるが、残りの半数は容易に変われないからドツボにはまる。

　プロのコンサルタントも同様である。彼らは、たとえば自動車の自動運転について、過去から現在までのあらゆる実験結果や政策提言を国内外から収集・分析する能力は異常に高い。1カ月もしたら、500ページくらいの分厚い報告書を容易に作成できる。しかし、日本人はその先が進まない。つまり、**未来に向けて独自の開発や投資の計画案を提案し、少なくとも周りを巻き込んで"最初の一歩"を踏み出さねばならないが、この段階になると、できる人間が極端に少なくなる**。前半の情報分析や問題解決の能力は、小学生から鍛えられた"調べ学習能力"で何とかなる。しかし、世の中は激変し、この10年間のインターネットの発達によって、国内外からの膨大な情報が誰でも簡単に入手できるようになった。その結果、もはや、この能力がプロジェクトの成否を決定しないばかりか、誰にでもできるから高いコンサルタント料も請求できなくなった。報告書の最後に、取って付けてきたみたいに「自動運転は2020年のオリンピックまでに実現するので、御社も乗り遅れてはいけない」と提言しても、「それくらいはわかっているから、まず君がやって見せてくれ」とクライアントに失笑されるのがオチである。

2 アブダクション（abduction、仮説推量）を試みてみよう

　中尾は教員になってからずっと、「東大生は情報分析や問題解決の能力に特化した人間ばっかり」と愚痴っていた。たぶん、欧米技術の模倣を始めた明治時代からそうだったのだろう。教師から質問があれば答えるが、自ら教師に質

問はしない。その性格の工学部生は、物理法則から実験結果を予測するディダクション（deduction、演繹）能力と、実験結果から新しい法則を導くインダクション（induction、帰納）能力は、異常に高い。その結果、教員が適切なテーマさえ決めてやれば、立派な論文を書くことができる。その能力のディダクションは、たとえば $x^2=1$ を因数分解して $x=\pm 1$ と解くことであり、算数大好きの理系人間は大得意である。また、インダクションは、たとえば「実験結果は $x=1.01$ と -0.99 であるから、つまり $x^2=1$ の解がその状態を示している」と一般解を出すことである。これも今や、コンピュータが統計的に算出してくれるので、コンピュータをあやつる当人も大得意である。

しかし、この学生も研究を続けて博士号を取ってしまうと、その後はちょっと状況が違ってくる。つまり、一人立ちして自分の"得意技"を見出して、新しくて有益で面白いテーマを自分で編み出さないといけない。**このテーマは世界でまだ誰もやっていないのだから、少なくともアブダクション（abduction、辞書で調べると誘拐がまず出てくるが、情報学では仮説生成または仮説推量という意味）能力が必要になる**。たとえば、アインシュタイン風に、「宇宙では $x^2=1$ の状態で安定する？」というような、一見、荒唐無稽の新説を喝破するのである。コラム3に示すように、アブダクションを作るための過去の有用なデータベースは存在しないばかりか、仮説つまり自説は気分まかせで論理的予測できない"人間の意志"そのものだから、今、流行りのAI（Artificial Intelligence、人工知能）でもアブダクションはお手上げである。

3 創造すると人生が楽しくなる

研究者は、真実にいきなり近づくような、イントゥイション（intuition、直観）が必要である。これが身についていないとアブダクションできず、締め切り間近の研究助成金申請書[1]を前にして、まったく筆が進まないという苦しみを味わうことになる。上述の自由課題の演習で、その課題が思いつかない学生と

---

1) 研究助成金申請書：大学の教員は、そのポジションに応じて善意のエンジェルから自動的に研究費がもらえるわけではない。いわゆる競争的資金を獲得するために、論文を書くのと同じくらいのエネルギーをさいて、せっせと研究助成金申請書を書いて、文科省や企業にご喜捨を願う。ちなみに、東大の工学系研究科は1年間の予算が250億円で、そのうち150億円が競争的資金である。残りの100億円が文科省からもらえる運営費だが、7割が人件費で、3割が設備維持費などに消える。教授が150人くらいだから、1人が1年に平均して1億円稼ぐ計算になる。もっとも"ニッパチの原理"が働いて、2割の教授が8割の資金を稼ぐのが現状である。研究室間の貧富の差は大きく、格差問題が起きる。

同じである。論理的な思考だけでは、夢は描けない。20世紀の役所主導の大形プロジェクトのように、「欧米ですでに始めているから、日本でも今すぐ始めないとキャッチアップできません」と世間をあおるような安易な論旨は、21世紀には通用しない。アブダクションだから多少の間違いは付き物である。恥ずかしがらずに勇気を出してこれにチャレンジし、独自なシナリオを生み出すべきである。

　この設計のためのアブダクション能力は、発明・発見のような世界レベルの仕事をするときだけに有用というわけではない。**何の対象に対してもアブダクションは有用であり、面白い自説を創造できる。そして創造すると、結構、人生を楽しめる**。たとえば、流行の小説を読んだあとに、入試問題のように「作者はここで社会の矛盾を訴えたかった」「主人公の将来がこのセリフに暗示されていた」というような深読みの読書感想文風の感想を漏らして終わりではモッタイナイ。現代国語では、「作者の意図を考えなさい！　採点者は君の意見を聞いていない！」と学習塾の先生に怒られ続けたから、東大生は荒唐無稽の自説は思っているけど、人前では述べない。しかし、本を閉じてから、「自分はこの小説を映画化したい」「主人公をこの俳優にしてロケ地をあそこでやりたい」というプロデューサーの企画書風の夢想をすることもあろう。これは面白い。以前、青年座で「赤シャツ」という芝居を上演していた。筆者にとってこの脚本家のマキノノゾミ氏[2]は驚きであった。何しろ坊ちゃんではなく、敵の赤シャツを主人公にして、芝居を創作してしまったのだから。

　エンジニアやデザイナーは、機械や建物、道具などを観察してデッサンすることが多い。まずは習作であり、空手や水泳のように"型"から学び始める。しかし、いつまでも正確に観察するだけではモッタイナイ。ついでに、見えなかった内部のカラクリを頭の中で推定したり、ドローンから見えるはずの鳥瞰図を想像して描いてみるとよい。また、傘やリンゴを観察したら、その後で傘をさす人物や、リンゴをかじる人物を想像して描いてみるとよい。もちろん、合理的に描かないとならないが、正解は無限にあるから、顧客の琴線に触れるか否かで優劣が決まる。でも、他人と相談しながら解答していないから、それ

---

[2] マキノノゾミ氏：男性俳優・劇作家・脚本家・演出家である。劇団 M.O.P を主宰。

ぞれの答えは独創的である。**芸術のデザイナーはいつもこのような独創的な試行を繰り返し、自分の感度を磨いているのである。**彼らは模倣が犯罪になる。贋作者にならないように、常に人と異なる視点を探している。標準部品を使えるエンジニアよりも、創造ではキツイ立場にいるのである。

4 モヤモヤから何か引き出してみよう

　筆者らは、「さて今から"創造力"を発揮しようかな」と思ったときの脳の動きを測定してみた。いまだ、人類ならば誰でも同じという普遍的な動きは観察されていないが、少なくとも、雑念を除いて因数分解やデッサンに一心不乱に集中するときのような、いわゆるフォーカス状態では創造力を使っていなかった。東大生は「ゲームを止めて勉強しなさい」と親に言われ続けたため、親の目を盗んでゲームをするときも、もちろん勉強するときもフォーカス状態に即座に移行し持続できる能力を鍛えている。しかし、その集中時に創造（たとえばポケモンGOのような新しいゲーム）を思いつくわけではなかった。それよりは、歩行中や電車内、トイレや風呂、布団の中、食事中や酒場の中のような、どうでもいい所で思いつくのである。**このとき、違和感を起点にいろいろなことを思い浮かべて思考対象を展開するので、その結果、脳は混沌としたモヤモヤ状態になる。つまり脳科学でいうところのマインドワンダリング（心の彷徨（ほうこう））状態が重要であった。**これは、眠って頭の中が空っぽというわけではないが、ボーと瞑想して低出力でアレコレと思い浮かべるような状態である。

　今は脳科学の全盛期なので、創造や瞑想に関する論文をサーベイしようとすると、すぐに1000報くらいの論文が手に入る。いくつかを読むと、確かに多くの研究者が述べていることであるが、モヤモヤとしたマインドワンダリング状態で、人間はあれこれとヨシナシゴトを考える。コラム1でも紹介するように、ベンチャーで成功した人はいずれもモヤモヤ状態に苦しんだが、そこで自説を考え付いている。凡人もモヤモヤ状態で苦しむが、必ずしも創造に結びつかない。なぜなら考えたことをメモに取っていないからである。すぐに忘れて

しまうから、手元にノートを携えてすぐに自説を書いてみることが有効である。

　コラム4ではそのときの脳波の実験データを記した。最近は軽くて小さくウェアラブルで、しかも無線で多点データを伝送できる測定装置が売られていて、リアルタイムに波形を見ながら自分の脳の動きをコントロールできるようになった。念ずれば波形は変わる。米国では念じてドローンを飛ばす大会も開かれている。魔女の宅急便のように、飛べと念じればほうきも飛ぶのである。

　また、この創造作業も、違和感や閃きのようなちょっとしたキッカケがないと、そもそも考えが始まらないことがわかった。しかし、単調な日々を繰り返すと、感度が鈍ってくるのでキッカケが掴めなくなる。そこで旅に出るとか異業種の人と話すとか非日常的な刺激が必要になる。第5章に、非日常的な作業の場として開発した演習の内容を記した。そこでは、脳波を観察するだけでなく、脳をコントロールしながら自説を出力させることが体験できる。

　図0.1にこれまでに述べたような、アブダクションの方法を示す。つまり上段に示したように、**雑念を捨てた集中から、違和感を拾った展開へと脳の動きを意識して移行させ**、下段に示すように、**街に出て違和感を拾い集め、自説をノートに記すという循環を実行する**。こうすると、少しずつ発見に近づいていくのである。

　このような脳のコントロールをいつも実行していると、自然に新発見や新発明をもたらし、新商品や新興業を開発できるようになる。1年間で成果が出るところまでは確約できないが、少なくともそれらの候補は準備でき、思考の多様性がゼロからイチになるくらい格段に進歩する。それ以上に、いつも対象を変えて考え続けるから人生が楽しくなる。

　テレビ番組や映画を見た後で、その続編の展開を友達や家族とお喋りするだけでも結構面白いが、これを自分一人でやってしまうのである。たとえば、次の旅行を計画して食べる料理の味を表現してみたり、洋服を買ったあとに颯爽と歩く自分の姿を思い浮かべてみたりする。何事も自分の意志で自説を展開してみることが大事である。

　コラム6にそのような脳の動きを無意識に実行して成功した人を紹介しよう。

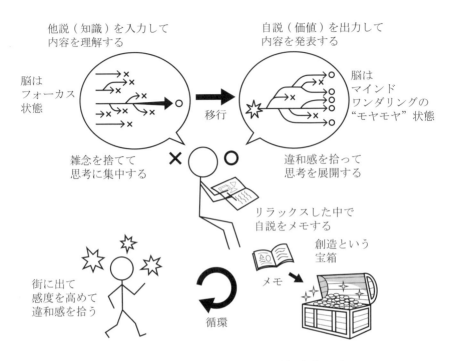

図 0.1　自説という価値を生み出して創造を促進しよう

　この 1 冊を読み終える頃には、自分で自説を展開できるようになるだろう。思いつきノートには数十ページに渡って、その未完成版の自説がたまっていることに気づくであろう。これは人生の貯金であり、宝である。人生のどこかで、その保留状態の思いつきを実現してみよう。
　まずは、マインドワンダリング状態に入るように脳をコントロールして、創造を始めてみよう。

コラム 1
チャレンジャーにはモヤモヤが必要だった

1　志を想い起こしベンチャー上場へ

　ある日、Ａさんが「俺はこの事業に賭ける」と言い出した。日本総合研究所（日本総研）は DO TANK[3] を標榜し、政策提言をするだけでなく、事業の立ち上げにまで関わることを旨としている。したがって、社員が「ベンチャービジネスを立ち上げる」と言っても驚くには当たらない。Ａさんの場合は、やや唐突感があったが、筆者の井熊は事業立ち上げ請負人を自称していたので、喜んでＡさんの夢を叶えることを手伝うことにした。

　Ａさんは大手企業の技術者として 10 年近く勤務した後、日本総研に移ってきた。日本総研そのものが設立後わずか数年の頃で、一種のベンチャーみたいだったことと、政策から事業までというポリシーを掲げていたことが理由だろう。大手企業の安定した仕事に飽きたらず日本総研を目指してくる人は多いが、全員が水を得た魚のように活躍するという訳ではない。大企業のエンジニアだったときに思い描いていた華々しいコンサルタント像のように実際は体が動かずに苦労する人も多い。**Ａさんはシンクタンカーやコンサルタントとして、小器用に数字を上げたりするタイプではなかったので、水を得たという訳ではなかったように思える。**しかし、当初から目線と志は高かった。

　そのＡさんが、ある日、「ベンチャービジネスを目指す」と思い立ったのは、**大手企業にいたとき、新しい事業の立ち上げを志してアメリカに MBA を取りに行ったことを思い出したからだそうだ。長い間起業の志を心に秘めていたのであろう。**そう宣言したときの彼はとても毅然として見えたことを覚えている。

---
3) DO TANK：問題解決に向けた行動を起こしていく集団。

Aさんがベンチャー宣言をしたのは自分達と一緒にアメリカに出張し、ベンチャー経営者に会い、斬新なビジネスモデルを目の当たりにした後だ。かつて MBA を学んだアメリカでの見聞が、過ぎ去った日の志を想起させたのかもしれない。

　ベンチャー立上宣言した後のAさんとは新しい事業立ち上げのために長い時間を一緒に過ごした。ベンチャーが立ち上がるまでの彼の言動は、終始明るく、前向きであった。日本総研が事業立ち上げを応援すると明言していたとしても、ベンチャーの立ち上げは勇気の要ることだ。そうした場に自らを追い込みながらも、彼が輝いて見えたのは、志の封印を解き、自らが信じる道を歩み始めたからなのだろう。

　彼が立ち上げたベンチャーは省エネルギービジネスの旗手となり、数年を経て上場を果たした。

2　才能が開花し NPO 代表に

　Bさんは大学を卒業してすぐに日本総研に入社した。頭脳明晰な女性だったので、仕事ぶりに対する周りからの評価も高かった。今では、我々のいる部門の研究員は4割は女性だが、2000年代前半はシンクタンク、コンサルティング会社はまだまだ男社会だった。小泉構造改革が始まった時代で、PFI や電力自由化を始めとする構造改革関連のプロジェクトが我々の仕事の多くを占めるようになっていた。プロジェクトが大型化し、業務の範囲を絞られざるを得なかったため、若い女性が意欲を持って取り組める仕事を提供できていなかったかもしれない。**それでも一生懸命に仕事に励む彼女の姿を見て、「このままでは擦り切れてしまうかもしれない」という危険性を感じた。**

　DO TANK を標榜する、といっても、シンクタンクだから政策提言のための論文は重要な仕事だ。ある日、彼女にも論文を書くことを勧めた。**何週間かして、できあがってきた論文を見たとき、彼女の才能の高さを感じ**

た。そのとき、筆者のひとりの井熊には50冊くらいの本を書いた経験があったが、彼女の論文を一見して「この人は自分より文章を書く才能が上だ」と確信した。芥川龍之介のような鮮烈な輝きのある文章を書くことができる稀有な才能だ。案の定、論文は各方面から評価され、彼女は論者としての第一歩を踏み出すことになる。

　ところが、ある日、彼女は退社したいと申し出てきた。家庭の理由でロンドンに移住しなくてはならないからだと言う。筆者は才能が開花し始めた人材の流出を防ごうと考えていろいろな人の力を借りた結果、彼女は退社することなくロンドンで勤務できるようになった。そこで、日本では得難い活躍の場と優れた人達とのネットワークを得て、彼女の才能は一層開花することになる。ロンドン発のアウトプットは日本国内での評価も高めた。グローバルなネットワークの中で、彼女の才能は水を得た魚のように動き出したようだ。

　彼女は今、日本総研を離れ、国際的なNPOの日本代表として活躍している。日本総研の研究員として活躍していないのは残念ではある。しかし、日本総研の活動を通じて、一人の優秀な人材の才能が開花し、特定の分野でグローバルに活躍できるようになったことは、DO TANKの活動の成果としてポジティブに受け取ってもいいのではないかと思う。それを次の世代に伝えていけば、次々に新しい人材が入社し才能を開花させるようになるはずだ。

3　10年の時を経て実現したインキュベーション

　Cさんは化学系の仕事の経験を経て日本総研に入社した。いつも柔和で誠実なエンジニアである。Cさんが想いを込めていたのはバイオテクノロジーを用いた環境修復だ。有機物質などで汚染された土壌や地下水を、地中の細菌を活性化することで修復しよう、という画期的な技術である。地球の持っている自然治癒力を応援することで汚染を修復する、という地球

視点の技術とも言える。

　Cさんは、日本で初めて、バイクテクノロジーを使った汚染修復の実証試験を成功させるなど、着実に実績を積んでいった。そうした成果を活かして、先端的な技術を持っていたアメリカの会社と正式に提携して事業を立ち上げようと、筆者も何度か一緒に渡米した。しかし、**Cさんが日本総研にいる間には、残念ながら事業の立ち上げには至らなかった。**

　そんなCさんが日本総研を去ることになったのは、彼の同僚が日本総研を退社して立ち上げた事業に参加するためだ。 Cさんが日本総研で関わっていた事業と同じ、バイオテクノロジーを用いた事業ではあったが、異なる仕組みの事業を手掛ける会社である。Cさんが移籍した会社はビジネスモデルが表彰されるなど注目されたが、ベンチャーの常であるがビジネスの形を変えていくことになる。そうした過程で、会社を支えるようになったのがCさんがかねてから手掛けていたバイオ事業であり、Cさんは経営者として会社を引っ張っていくことになる。

　このとき、筆者は二つの点に感銘した。一つは、初めて会ったときは柔和で誠実なエンジニアという印象だった彼が、転機にあったベンチャーを引っ張る経営者になったことだ。もう一つは、異なるビジネスモデルを手掛ける会社に身を転じながらも、かねてからの事業をしっかりと育てていたことだ。

　彼が経営者となった会社は成長を続け、見事に株式上場を果たした。海外にも事業を展開しており、今後も成長を続けていくことだろう。最近では、日本総研出身で事業家を目指す若手が、何人も相談に行くようになっている。

　筆者が彼に出会い、バイオテクノロジーの事業を知ってから20年が経つ。山谷もあったが、初志がぶれることなく、着実に事業の基盤を積み上げてきた。そこにはコンサルタントのような種類の人には見えない、事業の成功に向けたクモの糸のような道筋があるように思えてならない。それを信じることができる人を事業家というのだろう。

4　農業への志が拓いた農業再生への道

　D君は、「農業がやりたい」と言って日本総研に入社してきた。最近でこそ、政策でもビジネスでも農業への注目が上がっているが、彼が入社したときには、農業と言えば、旧態たるビジネスモデルが10年一日のごとく続き、既得権にまみれ、若者が魅力を感じる対象ではなかった。シンクタンクやコンサルティング会社でも、ポジティブに捉えてくれる人は少なかった。

　大学卒業直後で業務経験もないため、入社2,3年は先輩について農業以外のプロジェクトに関わってもらったが、農業への気持ちが抑えられなかったのだろう、2、3年もすると農業のプロジェクトを立ち上げたいと言い出した。

　学生時代に、「これをやりたい」と思う対象を持っていることは大事だ。会社がその対象と同じ分野の事業を手掛けていれば、当人の希望を受け入れてあげるのが一番いいだろう。ただし、その場合、会社から見れば、新人の希望を叶えることは対象事業のスタッフの拡充の域を出ない。

　一方、シンクタンクやコンサルティング会社は、普通の会社以上に意識して新しい分野を開拓しなくはいけないから、会社が手掛けていない分野に意欲を持っている人材は貴重だ。しかし、入社直後から希望の分野の仕事をしてもらうかどうかは考えどころだ。仕事をするためのノウハウを持っていないし、ビジネスとしてやり切るだけの強い意志を持っているかどうかわからないからだ。その意味で、他の分野の仕事をしてもなお、農業への想いを訴えたD君の意志の強さは間違いなかったことになる。

　D君の立ち上げた農業チームはメンバーを増やし、新しいコンソーシアムを立ち上げ、海外のプロジェクトを手掛けるなど活躍した。若手としては立派な業績だ。しかし、新しい分野のチームを維持するのは容易ではないうえに、トラブルも重なり、農業チームは解散の土俵際という状態とな

る。その後、起死回生を賭けたプロジェクトも立ち上がらず、D君はかなり追い込まれた状態に陥ってしまう。

　心機一転を図り、先進的な農業の知見を高めるため、最先端の農業ビジネスの事例を研究するために、海外出張してもらうことにした。精神的に厳しい出張だったと思うが、この出張で得た知見を基に書いた論文はそれまでとは次元の違う内容になった。それに続く書籍や論文の内容も充実し、彼の評価は鰻登りに高まっていった。入社時からの農業への想いに何度かの厳しい経験が重なり、彼の中で独自の知見となって昇華したのだろう。政策面、ビジネス面で農業への注目が高まる中、社内的も社会的にも一層の活躍を期待したい。

5　自己実現を実現する人生を送りたい

　ここまで日本総研に在籍した人達の経験を、筆者の立場から勝手に披露させてもらった。**彼等に共通しているのは、自身の中にあった潜在的な才能や強い想いが開花し、仕事へと広がっていったことだ。**日本総研には、このほかにも潜在的な才能を開花させて活躍している人が何人もいる。

　アメリカの心理学者マズローは人間の欲求は5段階で構成されており（**図0.2**）、下位の欲求が満たされると、より上位の欲求を満たそうとすると考えた。その頂点に位置づけられるのが、自分の持っている能力や可能性が引き出され自身の成長を実現する「自己実現欲求」だ。**ここで紹介した人達は、自分の潜在力を開花させ、仕事や社会活動などを通じて評価されるようになり、自己実現を果たしたと言える。**多くの人が、このように、自分の中に潜在する才能を開花させ、多方面から評価されるようになりたいと思うだろう。

　一方で、ここで紹介した人達の経験を見ても、自己実現の欲求を満たすのは容易ではないことがわかる。実際4人とも開花前は苦しい時期を過ごしている。人の欲求の構造という意味で、マズローの示した理論はその通

りだと思う。しかし、下位の欲求から上位の欲求への移行は必ずしもスムーズに進むものではない。彼等の経験は、「尊厳欲求」と「自己実現欲求」の間には高い壁があることを示している。

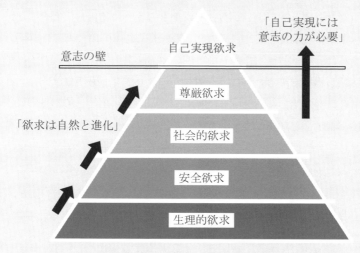

図0.2　マズローの人間の欲求のピラミッド

6　「自己実現欲求」への茨の道

確かに、飲食や睡眠などの「生理的欲求」が満たされると「安全欲求」を求めるようになるし、安全が満たされると「社会的欲求」を求めるようになり、それが満たされると、周囲の人のから認められたい「尊厳欲求」が湧いてくる。ここまでのプロセスは自然に見える。しかし、人間は「尊厳欲求」が満たされたからといって、すぐに「自己実現欲求」を求める訳ではない。

まず、経験的に見て、自分自身の才能を正確に理解している人は少ない。たとえば、学生時代に得意だと思っているものが才能という訳ではない。

そもそも、自分自身の才能について深く考えたり、才能の一端を垣間見た人は必ずしも多くない。社会が認め、人生を形作ることができるレベルの才能は通常の教育や日常の業務経験ではなかなか発掘できない。したがって、潜在する才能に対して明確な自覚がない場合が多い。**当の本人が才能への明確な自覚を持てないから、それをどのように発掘し、活かすか、も定まらない時間が長く続く。当人にとって長く苦しい時間だ。**

そうした、モヤモヤした苦しい時間の中で、当人が才能や何らかの可能性を自覚し心を定めるためには、**何らかのキッカケが必要なようだ。**Aさんの場合は海外でのベンチャー経営者やビジネスモデルとの出会い、Bさんの場合は論文を評価してくれた人達や海外での出会い、Cさんの場合は身を転じた会社の転機、D君の場合は農業チームとしての厳しい局面、が何かを信じて前に進もうという気持ちを定めるキッカケになったのではないか。しかし、こうして気持ちが定まった段階でも、当人はまだ自身の才能を明確に信じられない場合が多い。

7 自己実現の達成が企業と日本の将来を決める

大学生を採用する際に、「自分の才能が開花し、それを活かせるような仕事がしたいか」と問えば、多くの学生が「イエス」と答えるだろう。しかし、実際にその機会を用意すると、自分の可能性を信じることに腰が引ける人が多い。さらに、才能を開花させそれを活かす仕事を創り出す、という過程に進むと、多くの人がその間で起こる、迷走、五里霧中、不安、などに耐えられず挫折する。

運よく才能が評価されれば、マズローが指摘するように、何事にも代えがたい喜びが得られるが、そうなるには何度も迷走、五里霧中、不安の状態を潜り抜けなくてはならない。

このように、自己実現の壁に挑む人材を見出すのが容易ではないうえ、自己実現を果たすためには、迷走や不安心理に陥ることが避けられない。

このように「自己実現欲求」を充足するには、超えなくてはならない高い壁が存在するのだ。

　しかし、**企業にとっても、日本にとっても、「自己実現欲求」を実現する人材を一人でも多く輩出させることは、成長のための不可欠の要件となっている**。企業としては、グローバル市場での競争がますます強まる中、他に真似のできない商品やサービスを開発することが、生き残りと成長の条件になっている。他が思いつかない先進的なビジネスモデル、個性的なデザイン、新しい市場へのアプローチ、職人のような作り込みの商品、等々、付加価値の高い商品や、サービスを支えるのは、個性と個人の才能だ。日本経済の成長は、付加価値を高めた企業の集積に過ぎないし、その企業の成長も構成員個人の集積に他ならない。また、企業を離れて、コミュニティ問題などでも解決の道筋を作るのは、個性と才能を発揮する個人だ。

　その道が長く苦しい茨の道であるなら、その道を行こうとする人は、企業にとっても日本にとっても宝であるはずだ。先に紹介した４人も、高い才能に加え、志と道を目指す純粋な精神を持った人材であった。

8　企業価値を高める経営

　企業経営では、短期的な数字を上げるのが上手い人は必要不可欠だ。こうした人がいないと企業は倒産する。**しかし、数字のほとんどは既存の商品を売ることによって上がるから、数字に強い人に評価が偏ることは、企業が近視眼経営に陥っていることを意味している。**

　カルロス・ゴーン氏は現代を生きる名経営者の一人だ。彼はコストカッターとして有名で、ルノーが彼を日産自動車に送り込んだとき、関連業界はゴーンショックに揺れた。しかし、ゴーン氏が名経営者たる所以は、近視眼経営に陥らず、日産自動車の価値を復活させたところにある。日本人経営者にはできなかったコストカットを断行する半面、日産自動車の技術の象徴でありながら経営不振で生産中止となっていた、スカイライン

GTRとフェアレディZを復活させた。GTRについては、4人乗り、1000万円以下の価格でありながら、ポルシェやフェラーリを震撼させる性能を叩き出し、「技術の日産」を復活させた。このように、短期での結果を出しながら、社員の心を吸引できる未来的な価値を生み出せるからこそ、名経営者と呼ばれるのである。

9　自己実現応援経営／政策

　自分自身の可能性を信じることを抜きに志を語ることはできない。この本でも紹介するように、偉大な商品は暗中模索の中で自己実現を追求することで生まれた。近代日本、戦後日本の歴史の扉はこうした人達の努力によって開かれた、と言っても過言ではない。

　しかし、長いデフレの中で企業経営や政策が委縮したせいだろうか、あるいは社会がヒステリックでシニカルになったからだろうか、日本では自身の才能や可能性を信じる人が減ってしまった。**モヤモヤの迷宮に飛び込んで潜在的な才能を開花させようと努力する人は、これからの日本にとって本当に貴重な財産なのだ。**市場から要請が厳しくなり、企業経営も短期利益優先となり、人材評価も近視眼的になりがちだ。しかし、仕事が速いように見える人の中には、単に割り切りが早いだけの人もいる。考えの浅い人間を高く評価していたら企業がいずれ下降線になる。深く考えるからこそ、モヤモヤの迷宮に嵌まり込み、悩み抜く。**経営者、管理者には、その姿を見て、敢えて迷宮に挑む人間の潜在力や、モヤモヤを経て手にするものの価値を見抜く眼力と包容力を期待したいものだ。**

　であるなら、企業においては人事やプロジェクト運営で、日本であれば政策で、「自己実現欲求」の壁に挑む貴重な人材をもっともっと応援するべきだ。企業は企業自体あるいは社員の中に潜在する資源や才能を開花させることを経営の重要な指標とし、国はその開花に機会を創り資金を投入することで、日本の可能性を開花させてもらいたい。

第1章

積極的に脳から自説を出力しよう

日本人は、明治以来、欧米の技術や思想を模倣し続け、若者も、大学入学のために知識を詰め込んで受験勉強を続けてきた。大学生は、卒業論文を執筆する頃から、積極的に自説を形成して、新規性・進歩性を主張するような、知識出力型の脳の動きを獲得すべきである。しかし、実際は、依然として、受験勉強の知識入力型に脳が動く人が多いので、結果として日本の大学や企業から、創造性を発揮する人を少ししか産出できていない。

1 東大生は勉強に集中して、知識を脳に入力することに長けている

　これまで、日本では教師が学生に、とにかく集中力を求めてきた。つまり、少なくとも授業中には不可欠な能力であるが、**「雑念を捨てて一つの物事に集中できる」という能力である**。たとえば、生徒は窓から校庭をよそ見せずに、または隣の友達とアイコンタクトせずに、ひたすら先生の顔を見つめて話を理解することが求められた。そして、生徒がそのフリをするだけで、先生から最高評価を受けた。

　受験勉強中には、その集中力に磨きがかかる。勉強以外のゲームや恋愛、スポーツ、漫画、アニメなんかに惑わされず、青春のすべてを勉強に賭けるよう、母親は若者に希望した。その結果、2時間と短い試験時間内では、問題文に集中でき、内容を正確に判断し、出題者の意図を汲んで、効率的に解答できるテクニックが培われた。たとえば、まず解けそうな問題を探して確実に点を稼ぎ、難問は他の受験者も解けないだろうから捨てる、という省エネ・テクニックである。

　本章のコラム2において、その東大生の性格診断テスト結果を示す。**彼らは内向的で独善的な人が多く、仕事として反復継続の作業に向くことがわかった。チームのリーダーとしては、余りふさわしくない性格である**。しかし、孤独で辛い受験勉強には適している。それを受験勉強終了後も貫こうとするから軋轢が生じる。一方で、受験勉強まっしぐらの生徒も人の子であるから、時には、この勉強方法はおかしいと思うときもある。たとえば人生の疑問として、「何で生活に無関係な数学や古典をこんなに学ばねばならないのだろうか」と考えたくもなる。勇気を出して、先生にその疑問を打ち明けると、意に反して「それこそ雑念の最たるものである」と注意される。先生は「君の体に良いものを料理したから、目をつむって食べなさい。年をとれば、先生に感謝するときが必ず来るから」と言い放つ。または、生徒は人生の希望として、「自分は父親みたいなサラリーマンにはなりたくない。百姓か板前か大工か旋盤工になって、

第1章　積極的に脳から自説を出力しよう

自分の腕一本で生きていきたい」と言うかもしれない。しかし、人生経験豊富な先生はこのとき、「君の浅はかな自説と、それへのこだわりは、時間の無駄であるから止めなさい」と言って、生徒のささやかな希望は即刻却下されるだろう。確かに良い大学に入って、良い会社に入れば、生涯賃金の期待値が最も高くなる。

　その結果、受験勉強の勝者は、理解力、観察力、記憶力、分析力に優れ、情報を即座に理解し、過去の知識を総合して最適な対応策を選択できる人間になる。東大生がその完成版である。上述の人生の疑問や希望には固執せず、最小のエネルギで最高の得点を狙う。確かに、数時間という短期間の勝負には滅法強く、爆発的に集中力が発揮できる。**20世紀の高度成長期の日本では、この入力を理解できる脳を持った人が成功者になった。**たとえば、中央官庁の優秀

な役人がその一例である。2年ごとに部署を移動しても、移動後はたちまちに仕事を理解して、翌月にはまるでその道の第一人者のように振舞える。

よもやま話①

工学部の研究室に配属されて、卒業論文に取り掛かるときに、学生にとって最もショックなことは、「誰も解いたことのない難問に取り掛かれ！」と教員に命令されることだろう。何しろ、「この難問は私でさえ解いたことがないんだ」と指導教員に告白されて驚く。そして学生は、「答えが存在しないかもしれない題材を使うとは、それでも教育といえるのか？」と逆切れする。また、学術論文は特許と同じように、新規性と進歩性を有していないとならない。つまり、「世界で一番、人類に有益」という条件が求められる。それなのに学生は、小学生の頃から学習塾に通って身につけた手法をいつも使う。つまり、解ける問題から順に処理して点を稼ぎ、間違っても「難問にハマって時間切れ」という間違いを犯したくないと思う。東大生は受験の勝ち組だから。しかし、20歳になってもこのままだと困る。人生は、正答が一つとは限らず、もしかしたら存在しないかもしれない山谷の連続である。それでも生きている以上、どうやって生きるか、を答えなければならないのである。

難問は設計、開発、研究と言い換えてもよい。正解が実際にいくつ存在するのか、誰にもわからないが、とにかく力任せに一つを求めればよい。難問が解けずに苦しんでいる学生に、筆者の中尾は「良かったね、君は研究の最前線に立っているンだよ。一歩先に出れば、世界一になれるよ、おめでとう」と言うことにしている。難問を解くときの楽しさがわかれば、エンジニアとして一生、時代のトップランナーとして生きていける。

2 21世紀になるとお手本がなくなり、創造が必要になった

21世紀になると、この集中力とそれに裏付けされた理解力だけではどうにもうまくいかなくなった。日本自体が世界のトップランナーになったので、もはや欧米の技術を模倣して改良するだけでは、高付加価値の商品はできなくなったからである。さらに悪いことに、1991年頃のバブル崩壊から25年間も、

GDPは500兆円あたりから変化しなくなり、ゼロ成長が続いている。その間、従来産業では技術導入・国産化という、明治以来の日本の御家芸が中国に取って代わられた。一方で、スマホや自動運転のような新ビジネス創出は米国に周回遅れで引き離され、同時に、各種の大学・研究所からの成果も思ったほど伸びなくなった。ついに天下の東大もアジアで7位にランキングされ、ローカルな二流大学と評価された。やはり、創造には何かの別の能力が必要なのである。

　そこで、多くの研究者が、日本人に無くて、欧米人に有る能力を探し続けた。その中の一つが自己主張である。欧米人、それもそのエリートは何でもオレが、オレが、で、でしゃばって首を突っ込んでくる。1週間もすれば、口ばっかりで実行には至らない、という薄さもわかってくる。しかし、そのでしゃばる人数が余りにも多いため、薄さをバカにしているうちに、中には本当に有言実行できるイノベーターが出てきて新市場を独り占めしてしまう。やはり、**自己主張や、自説、持論、仮説、妄想、想像、のような自分の意見が、創造には必要ではないだろうか。自分の意見こそ、一つの価値である。**

　大学では、常に研究で発見したり、設計で発明したり、というような創造的な成果を狙っている。この種類の創造では、入学試験のような短時間の集中力ではなく、数カ月、数年、という長期間の持続力が必要になる。

　しかし、これくらい長くなると、集中力も切れてくる。ときには仕事から離れて、ボケーとして漫然と妄想に浸りたくなる。今までそのボケーとした時間は、雑念を想起するだけで何の成果も出ないから、時間の無駄と考えられてきた。しかし、**このようなリラックスタイムこそ逆に重要で、その中で実は記憶を組み合わせて良いアイデアを生んでいるのではないだろうか。このときに自説を考えてノートにメモしてみよう、というのが本書の主張である。**もちろん、このときに、どうやってリラックスタイムに自分を意識的に移入させるか、どうやって自説の起点を設定して自分の脳に考え始めさせるか、というようなテクニックも解決しなくてはならない。

よもやま話②

2016年10月5日に、筆者の中尾はビル・ゲイツ氏に会った。写真だけで知っていた伝説の人物である。筆者より3つ年上の61歳である。同じ時代を過ごしていたのに、片や相手は9兆円の資産を持つ世界一の大金持ちである。その中から1.5億円の寄付をもらいに行ったのだが、もらった喜びの中に一抹の空しさが混じる。よくある話だが、人生も58歳とゴールが見えてきた頃だけに、どうしてこんなにも差が生じたのであろうか、と考えてしまう。同行の西和彦氏にゲイツ氏の性格を説明してもらった。社交的でもなく、技術の話が大好きなところは日本人的であるが、自説にこだわって敵を徹底的に攻撃するのはアメリカ人的であるらしい。西氏もチップでインテルとも戦うべきだと主張して追放されてしまった。

そのちょうど5年前、2011年10月5日にスティーブ・ジョブズ氏が亡くなった。ゲイツ氏以上に強烈な自説を主張する暴君である。会議中に部下を攻撃してボールペンを投げ、本気に怒ったときはキャップを外してダーツみたいに投げたそうである。彼は共同経営者をも追放したが、逆に自分もアップルから追放されている。しかし、追放後も彼は減速せずにピクサーでCG映画作りに猛進し、晩年はアップルに戻ってiMac、iPad、iPhoneで世界を変え、日本のパソコンや携帯の出る幕を封じてしまった。彼は禅に傾倒し、瞑想で心を落ち着かせ、自説を形成したことでもよく知られている。

新技術の最前線で先陣争いをするような創業者は、攻撃精神が旺盛で自説を主張できる性格が必要なのであろう。日本でも、筆者が先月、伝記を読んだ偉人の中でも、カップラーメンを発明した日清食品の安藤百福氏や、宅急便を発明したヤマト運輸の小倉昌男氏のように、自説を主張し、しかも実現した成功者をあげることができる。

3 ちょっと息を抜いて創造してみよう

21世紀の日本では、20世紀のようにガムシャラに働くだけでなく、ちょっと息を抜く余裕が大切になる。そのリラックスしたときに、上述の疑問や持論、自説、妄想、などを展開するような"回り道"を取ればよい。 その回り道は時間の無駄ではない。その回り道自身が、逆に創造を生む宝かもしれないのであ

る。図 1.1（a）に他説を集中して入力し、内容を理解するときの脳の思考のイメージを示した。多くの雑念を取捨選択して一つの結論に向かって収束していくような図になる。一方で図（b）に自説を展開して出力し、内容を発表するときの脳の思考のイメージを示す。これは（a）とは逆に、違和感を起点に仮説を末広がりで展開していくような図になる。

　現在のところ、政治経済や技術芸術に関して、日本人の自説発信が少なすぎる。日本発のニュースは地震や津波ばかりである。確かにエリートに目を向けると、ノーベル賞を取るような大先生も毎年、次々と生まれているが、その勢いをビジネスにつなげられる人は少ない。つまり、世界レベルのトップの創造者はいるが、その分布の裾野が広くない。この裾野の有無が、日本と米国の差に現れている。つまり、この 25 年間で米国は成長しているが、日本は停滞したままである。実際、インターネット・スマホやバイオ・メディカルの分野で、米国は新興ベンチャー企業を雨後の竹の子のように産出し、それらが新産業を形成している。

　序章のコラム 1 では、日本総研の仲間の中から、企業や政策提言で自己実現を成功させた人を紹介している。筆者らは、最初、自説形成を成功させた人は、

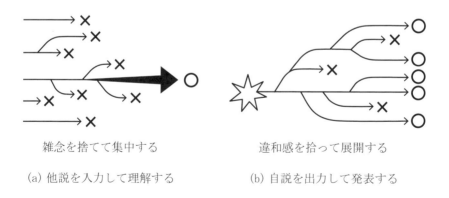

　　雑念を捨てて集中する　　　　　　違和感を拾って展開する

（a）他説を入力して理解する　　（b）自説を出力して発表する

図 1.1　脳の思考方法の違い

短期集中して数字を上げられる万能秀才型の"キラキラ人間"であると思っていたが、実はそうではなかった。**逆に、自己実現を夢のように望み続けて、長い期間を低空飛行していた"モヤモヤ人間"であった。明らかに"キラキラ人間"の生産方式である受験勉強とは異なる、別の新しい教育が必要になる。**

　今後の日本は、他説を入力するだけでなく、自説を出力することが期待されている。しかし、若者の教育は20世紀型のままである。もちろん、受験勉強で鍛えた理解力や集中力も必要であるが、高校を卒業したら真逆の創造力や展開力も大事になる。何とか、自説形成型の人間に急に変えられないのであろうか。

　もちろん、今の若者が自説を出力する能力が無いと言っているわけではない。**ただ、自説を出力するチャンスがこれまでに無く、そのための回路が脳の中に形成されていないだけ、なのである。**まだ20歳代と若く、いまだ変形可能な脳を持つ若者だから、機会さえ与えれば、十分に自説を主張するような人間に変身できるはずである。

　日本人は未熟な自説が恥ずかしいと自説を引っ込める人も多いが、その必要は無い。人前で自説を主張しても、自分が心配するよりは、他人は出しゃばりだとは思っていない。それが世の中である。他人もそれほど暇でない。だから、自説を主張したからって、後々まで悪影響を及ぼすことはまず起きない。**基礎力は小学校以来、ずっと鍛えてきたのだから、荒唐無稽のようでも自説は結構、当を得ていることが多い。**

よもやま話③

　筆者の中尾は生産技術や機械設計が専門だが、文理融合の「失敗学」も営業している。21世紀の初めの2001年に恩師の畑村洋太郎先生が「失敗学のすすめ」という本を出してから、失敗学という言葉が有名になった。
　それから10年間、失敗学において「失敗のナレッジマネジメント」の有効性を説き、その奥義は「人の振り見て我が振り直せ」であった。つまり、過去の失敗を収集・分析して、その共通点を失敗シナリオとして暗記していると、将

来の失敗の予兆がつかめて損失を軽減できる、と説いた。

　しかし、2011年3月11日の東日本大震災から、世間が求める失敗学が変わってしまった。このとき、過去の事例として869年の貞観の大津波を分析していなかったので、福島第一原発を始めに、取り返しのつかない大失敗を起してしまった。もうあと10年、神様が大津波を待ってくれれば、仙台から相馬、いわきと続く海岸線でボーリングして、1142年前の大津波の痕跡を発見でき、福島第一原発も堤防や水密扉で溢水を防ぎ、冷温停止できたと思う。

　過去の事例を見つけられないような"まさか"の失敗シナリオも、違和感によってその起点を見つけられたら、自分で全体を推量でき、対処できる。実際、米国のエンジニアは、2001年9月11日に航空機が原発に飛び込んだときを想定して、対策を練ってB.5.bという行政命令を発令して実行した。日本の保安院はそのB.5.bを教えてもらったが、日本はテロ攻撃を受けないからと言って日本の電力会社に伝達しなかった。もし、東電が大津波の1週間前にB.5.bを知ったら、その通りに直流バッテリやエンジン付きコンプレッサを準備し、津波襲来後は逃がし弁やベント弁を開くことができ、少なくとも放射能を原発外にばら撒くことにはならなかっただろう。

　NHKによると、5年経って全体像が見えてきたが、廃炉・除染・賠償で少なくとも13兆円もかかることがわかってきた。B.5.bの対策は全部やっても1基に10億円あれば十分である。転ばぬ先の杖は安い。大震災前に大津波という違和感を起点にして考える時間があったら、日本人のエンジニアでも十分に冷温停止に導くことができた。

　過去に前例が無いからと言って、違和感を持たず、仮説も作らず、対策は先送りする、というような感度の鈍い人がリーダーになると、その組織は危ない。どのように教育したら、リーダーの感度が高まるのだろうか。

　いっそのこと、AIにリーダーになってもらったほうが、ナンボか得になるかもしれない。しかし、コラム3に記すように、AIは人間の意志を代行するのが苦手である。一方、秘書やアシスタント、テクニシャンのような過去の成功例に基づくルーティンワークには優れ、代行できるだろう。コラム2で述べるように、困ったことに東大出はそのルーティンワークをパーフェクトに遂行する能力に優れるのである。といっても、AIはもっと優れるだろうから、人間が勝負するためにはもっと別の能力が必要になる。

4 日々の仕事の中に創造する時間を作ろう

　会社に入れば、最初の2年間くらいは、営業や工場の現場でこき使われて、仕事が終われば自説形成の時間などはなく、毎晩、酒を飲んで上司の悪口をいうだけである。しかし、このような修行の時間でも、辞めずに続ければ脳は何かしら動いていたので力は付く。仕事を続けられたという事実は、その期間にしっかりと現場を理解できた、基礎力の"型"がしっかりと身についた、と良い方向に解釈すればよい。**自信を持って、次は"型破り"のプロセスに入って、自説を、つまりプロセス改善案や新商品提案を上司に提出すればよい。**

　20歳代でもできるのだから、いわんや30歳以上の中堅・ベテランをや、である。「これまでいくら提案しても取り合ってくれなかった」という現実に、愚痴をこぼしていても始まらない。いよいよ、日本の会社はどこでも疲労破壊しそうなのである。自説を出力しよう。

　もっとも、自説をたくさん提案しても、**「5割が却下、4割は保留で、1割だけ採用」というくらいの比率で結果が出るのが普通であることを忘れてはいけない。**つまり、肩の力を抜いて、採用されたら儲けもの、という程度の軽い気持ちで可否を待つべきである。9割は採用されないが、少なくとも自分の人生の貯金にはなる。予めイメージトレーニングをしておくと、イザというときに必ず体は動くので、決して無駄にはならない。そしてそれが最後には日の目を見て、発明発見、新商品ヒット、売上倍増、につながるものである。さあ、ダメでもともと、という気持ちで提案してみよう。第2章以降では、自説形成や提案作成がスムーズにできるようになるための、気持ちの持ち方を紹介する。

よもやま話④

　俗に"アイデアマン"と呼ばれる人に会うたびに、筆者は「そのアイデアは今、思いついたのですか?」と質問する。なぜならば、筆者はアイデアの中身よりも、そのアイデアを生むための思考過程に興味があるから。仮に、何か共通的・一般的な思考手順を見つければ、それを使うことで自分もアイデアマンになれるかもしれない。その思考手順もいくつかはすでに紹介されているが、たとえば、従来のプロセスの前後を逆にしたり、そのプロセスに"第3物質"を添加したり、一つのプロセスを機能分離させたりすることが有名である。それらを筆者らは"思考演算"と呼んでいたが、これはひとえに加減乗除を脳の中で行うような感じの思考である。

　しかし、アイデアマンの多くは、「そのような思考演算も行ったが、それは今ではない」と答える。具体的に言えば、「以前にすでに思いついていた」「昔、試してみたが、あのときは失敗した」「若い頃、あれを見たときに、思うところがあった」などと答える。つまり、アイデアは、過去に途中まで考えていたものを探し出してきて、現在のこのときに述べたに過ぎないのである。決して、その場で脳の思考エンジンをフル回転させて考え付いたのではない。言い換えれば、上述の保留の棚から、適用できそうな記憶を再生しただけである。

　このように、アイデアマンは始終、考えており、その結果を有用な設計解として貯金していたのである。日頃の鍛錬が競技会で実を結んだともいえる。

　筆者は30歳代の後半、恩師の畑村洋太郎先生と、毎日のように研究を企画し、実験結果を分析し、助成申請書のシナリオを話し合っていた。先生は恐ろしいほどのアイデアマンで、次々と設計解が出てくる。最初は驚いたが、そのうちにアイデア創出の起点となった昔の体験をいくつか知ることになり、自分も思考演算をまねして実行したところ、同じようなアイデアを創出できるようになった。まるで先生の脳が自分に転写されたかのように、先生の思考を先回りしてわかるようになったのである。「先生が一を言ったら、弟子は十を知る」という状態である。

　暗黙で迅速なコミュニケーションがとれるようになった。しかし、逆に40歳にして自分の脳が自説形成のために働かなくなったことに気づき、先生の定年退官を機に、先生と距離を置くようにした。今思うに、そうしなかったら今も"番頭"のままであっただろう。これにはゾッとする。そもそも研究室の教授は"店主"である。自分で研究助成金の申請書を書いて、自分の"商品"を店先に並べないとならない。できなかったら、クビになる。コラム3の図3.2で後述するが、

42歳のとき筆者は独立を決意した。しかしそれまでの共同研究先は畑村先生の退官を機に、まるで生命維持装置を外すかのように離れていき、研究室は開店休業状態に陥った。ところが、筆者の脳は逆に自説を形成するために活性化し、店先には自分の"ヒット商品"が並ぶようになったのである。人間はどこかで"型破り"が必要である。

コラム 2
東大生は反復継続の仕事が得意？！

1 東大生は内向的・独善的で反復継続の仕事に最適

　筆者（中尾）は、東大・機械工学専攻の学部3年生に性格判断テストを受けてもらっている。筆者の機械設計の講義の最終レポートは「人生設計」である。その生きる道を設計するときの資料として使うために、筆者の研究費でテスト費用を払って、講義中に受けてもらっている。もちろん、結果は各人に戻すだけで公表はしないが、全体の傾向だけはこのような筆者の創造性に関する自主研究に用いている。このテストは144問をイエスかノーで答えて、その答えを多変数解析し、X軸に第一主成分の"内向的か外向的か"を、Y軸に第二主成分の"協調的か独善的か"を記した座標上に自分の性格をプロットする。

　図1.2に全体の傾向の結果を示す。これは4年前の3年生平均のデータであるが、その後に毎年とっても傾向は同じであった。図（a）を見ると、**全国平均（点線）に比べて東大生（実線）は左下にずれていて、内向的・独善的（逆に言えば、外向的ではなく、協調的でもなく、暗い感じで口下手でマイペース）の人が多いことがわかる**。図（b）では適している職業を示しているが、反復継続（たとえば英単語の丸暗記やベルトコンベア上の組立のような繰り返し作業）に適している人が、全国平均よりも多い。つまり、**経営者候補のような企画、管理、営業、接客は適さず、オペレータのような反復継続に最も適して、エンジニアのような技術職はまあまあ適する、**という結果である。「おかしい、間違っている、彼らはエリートだよ」と筆者も最初はテスト業者に抗議したが、4年間も同じだと「そういう性格の子が多い」という事実を受け入れざるを得ない。さらに図(c)

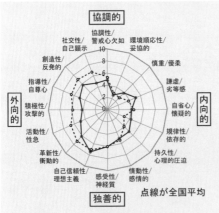

(a) 性格はどうか：東大機械は内向的である

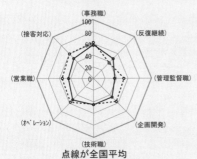

(b) 適職は何か：東大機械の唯一の得意技は反復継続である

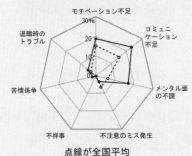

(c) 雇用主にリスクがあるか：東大機械の学生は就職後にすぐ辞めるリスクが2倍

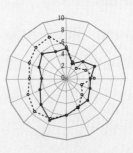

(d) 東大機械は20代平均と比べてもより内向的である

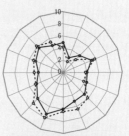

(e) 東大機械は進学校の高校生と性格が似ている

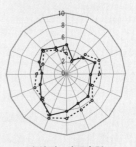

(f) 東大機械は一流研究所と比べるとまだ協調的であるが似ている

図 1.2　東京大学機械学生の性格の特徴（実線が東大機械のデータ。グラフの構成は NET&ASKs 社が作成）

の雇用主のリスクを見ると、東大生は、コミュニケーション能力が低くて離職リスクが全国平均の2倍という、実に厄介なグループに属することがわかった。「自説をディベートして勝つのが大好き」という性格の若者もいることはいるが、明らかに彼らが主力の集団ではない。

2 東大生に内向的・独善的な性格の子が集まるのは受験勉強のせい？

　上記の結果を検討していて考えた。たとえば、もしかしたら、全国平均はオジサンも含まれているので、東大生は若者、全国平均はオジサンの性格を示しているかもしれない。そこで、図1.2（d）に全国の20代平均と比べてみたが、図1.2（a）よりも顕著に東大生は内向的・独善的という結果が現れた。また、図1.2（e）に兵庫県のある進学校の高校生のデータと比較したが、東大生とほとんど同じである、という結果が出た。つまり、**受験勉強がこのような性格の子をエリート候補として選んでしまうのである**。さらに、日本の超一流の理系の研究所の所員と比較してみたら、その所員のほうが東大生よりももっと内向的・独善的であることがわかった。そこに選ばれて世界レベルの研究をするのだから、思いつきの自説の研究を身勝手に楽しんでいるのかと思いきや、反復継続が好きという性格に磨きをかけているだけだった。もちろん、これらの性格は正規分布でなく、明るい人から暗い人までズラッと並べた中央値が示されているに過ぎない。東大生にも外向的・協調的の子も大勢いるが、全国よりもその比率が小さいのである。

　受験勉強に特化した若者は、入力された情報に対して正確に理解でき、反復継続に耐えてうっかりミスが少なくなる。しかし、その能力を使って自説を主張したことはないのが問題である。特に東大生は受験生のチャンピオンだから、上記の図1.2は当然の結果ともいえる。しかし、世界レベルの研究は反復継続作業だけでは成果が出ないから、どこかで性格破壊してもらわないと研究者として使い道がない。それが困り物である。

なお、3年生がこのテストを受けてから、3年後、彼らが修士課程の2年生になり、今年の夏に就職活動の季節を迎えた。機械系は毎年140名くらい就職するが（そのうち修士が90％くらい）、そのうち15名は9月になっても内定がもらえなかった。今年は、筆者が就職担当なので、一人一人にインタビューした。この15名中、4名は運動部に属すか放浪癖があって自らの意志で就職活動をしなかった留年組、1名は他大学から修士入学したのでデータなしだったので、10名のテスト結果を見直した。すると、10名中、6名の60％が図1.2（c）のリスクで、人事採用者はこの人を絶対に採用してはいけないという危険レベルの子だった。同じ学年だとその危険レベルの子は13％だったので（全国平均では3％だから、すでに危険な子が4倍も東大生に多く集まっている）、内定をもらえない子の6割はテスト通りの結果を人事担当者が与えたことになる。企業によっては、グローバル向きで競争的で活動的な人を求む、という会社もあるが、一方で、ドメスティック（国内）向きで穏やかでバランスの取れた人を求む、という会社もある。つまり、**自分の性格に合った企業を選ぶことが大事なのである。偏差値で高校や大学を選んだのと同じように、人気ランキングで企業を選ぶのが間違いのもとである。**

3　心を折られる技術者

ここで図1.2に刺激を受けた井熊から一言。

オフィスで働くエンジニアにとって大事なものは、モノづくりのための開発業務、分析、設計、技術検討などをしっかりやることである。そこでは、技術的な課題をブレークスルーするアイデアを出せば若くても評価される。「良いモノを作る」という共通の目標があるから、ある意味、運動部のような純粋な目的指向性がある。最近は、日本の製造業もリスク管理が厳しくなり、官僚的になったと言われるが、他の業種と比べると技術者の仕事には純粋な面がある。

ここから、商業、金融業、コンサルティング業、などに身を転じると、カルチャーショックを受ける。バイタリティのある営業マン、素晴らしい切り口を出すコンサルタントやスペシャリスト、など、ポジティブな刺激もある。しかし、管理の厳しさに閉口することもある。

　こうした組織も番頭のような管理職の人達と付き合っていくと、「日本で言う『秀才』とは何か」、に気づく。**秀才は、提示された書類や計画の問題点やリスクを指摘する能力に極めて優れる人材、である。**驚くべきスピードで書類に目を通し、書類を作成した本人ですら気がつかないような小さいミスやロジックの問題点を次々と指摘する、という人材に会った日本人ビジネスマンは数多いはずだ。

　どんなに面白いと思う仕事でも、企業は赤字を出したり、過剰なリスクを獲ったりすることはできない。だから、本人に代わってリスクや問題点をスピーディかつ漏れなく指摘できる人材は必要だ。しかし、指摘の仕方によっては、提案した当人の心が折れ、プライドが傷ついてしまうこともある。そうした経験のある技術系、事業開発系の人は多い。しかも、どんなに優れた東大卒の技術者であっても、リスクに気がつかないビジネスマンは、企業社会では、「賢い」とは言われない。「賢くない」というレッテルが張られると、出世も難しくなる。

　つまり、**エンジニアからコンサルタントに転職した井熊は、転職先で超高性能ブレーキ型の秀才に出会ったのであった**。組織、特に銀行関係者は失敗や不祥事を極端に嫌うから、ブレーキ型秀才が重用される。

4　「秀才」の意味

　ここで言う「秀才」「賢さ」とはなんだろう。

　過去の経験、会社としての方針、事業環境を頭に入れて、目の前の事象と照らし合わせ、リスクを指摘する、というデータベースとマッチング機能は、難関校の入試を切り抜けるための能力に通じる。たとえば、本当に

頭を使う難解な問題を避け、優しい問題から確実に点を稼いでいく受験テクニックにも通じる。さらに難解な問題に挑戦して試験に落ちる人は「賢くない」という価値観にも通じる。

しかし、そうした大容量データベースと高速マッチング機能を持った「秀才」が、優れた発想力を持っている訳ではない。発想力があるかどうかと、秀才であるかどうかは関係の無いことなのだ。そして、官僚的な組織では、「賢さ」が序列を決める重要な要素になる。日本の「秀才」の頂点である東大の学生に対する先述の調査結果は、日本の教育機関、企業、行政の抱える問題点を示唆している。

アメリカはとうの昔にこうした秀才的価値観から脱している。中国では行政は官僚的な面があるかもしれないが、起業家精神はアメリカを凌ぐくらい強い。日本でも「秀才」を量産する教育システムに危機感を感じている経営者はたくさんいる。

つまり、**日本も、従来のブレーキ型の「秀才」だけでなく、発想力を持って新商品を開発できるようなアクセル型の「天才」を求めるような、新時代に入ったのである。**今年の就職担当の中尾も、80社の人事担当者から採用希望の人物像を聞いて、そう思った。ブレーキよりアクセルである。

5　「心ある秀才」が発想家を育てる

もちろん、日本の秀才のすべてが、発想力のある天才に冷や水をかける訳ではない。それどころか、エンジニアのいる部署の上司よりも力強く、技術者や発想力のある人をモチベートしてくれる人がたくさんいる。

経営者は企業を預かっているから、リスク感覚がないといけない。したがって、ある意味で、「秀才」的な素養を持っている方が多い。しかし、一方で経営者の多くは、技術者や発想力のある人の心をモチベートする素養を持っている。つまり、「秀才」には、ネガティブチェックで技術者や発想力のある人の心を折ってしまう「ネガティブ秀才」と、彼等をモチベ

ートしてくれる「ポジティブ秀才」がいる。

　経営者には「ポジティブ秀才」が多い。中間管理職にも「ポジティブ秀才」がいる。井熊の仲間にも、テストで勝負したら絶対に勝てない秀才中の秀才で、新しい事業に挑む人達から高く評価されている人材がいる。

　彼は、自らのリスクチェック能力を、新しい事業を考えている人が作った書類を押し返すために使うべきである、とは思わない。逆に秀でた能力は、新しい事業を考えている人のリスクを取り払い、成功確率を高めるために使われるべきである、と考えている。提案された資料を対峙した立場で見ることは決してせず、同じ立場で考えることに務める。また、社内の管理層を説得するための戦略やロジックを聡明な頭脳で考え抜き、同じ立場で説得に当たる。現場と管理層に挟まれるリスクを獲ることを厭わない。もちろん、新しい事業を考えている人に足りないことはしっかりと指摘する。こうした高潔な姿勢から、新しい事業を考えている人達からは守護神のように思われている。

　技術者や発想力のある人をモチベートする経営者には、志や使命感、包容力がある。ビジネスマンとしての成功体験があることも大きいように見える。前述した守護神とされる中間管理職にも、志や使命感、自分と違う素養を持った人を認める受容力がある。ビジネスの世界で、こうした「心（志）ある秀才」くらい頼りになる存在はない。

　日本には「心（志）ある秀才」が少なからずいる。だとすれば、日本にとって必要なのは、「日本の教育システムを作り直す」、などという実現しそうもないビジョンではなく、「日本の教育システムの成果を活かし、『心（志）ある秀才』をいかに育てるか」というビジョンになろう。製造業の現場には、優れた技術者や発想力を持った人がたくさんいる。「心（志）ある秀才」に出会えば、彼等は大変な力を発揮するはずだ。

　つまり、ブレーキ型秀才には、ブレーキのかけすぎでアクセルペダルを折るネガティブ秀才と、陰でブレーキをそっとかけて天才が気持ち良くア

クセルを吹かせる状態を作るポジティブ秀才がいるので、日本も後者のポジティブ秀才を育てよう、と井熊は提案している。さすが、組織の舵を取るリーダーである。しかし、中尾が思うに、**アクセル型天才あってのブレーキ型ポジティブ秀才である**。まずはアクセルの強化である。ブレーキしか付いていない車は止まっているだけで意味がない。

　ことわざに、馬を水辺に連れていくことはできるが、水を飲ませることはできない、というのがある。水辺に連れていくポジティブ秀才がたくさんいても、そもそも水をガブガブ飲みたいというアクセル型天才が存在しなければ、何の創造も生まれない。現在は、馬が自分の意志で水を飲みたくなるような教育が必要ではないだろうか。少なくとも大学では、自分で研究の夢を持ち、成果を海外で発表し、若いうちから世界のフロンティアで戦う人材が不可欠である。もちろん本当に夢を実現できる良運と能力の持ち主は、全体の1％くらいかもしれない。しかし、夢は小さくてもかまわないのである。夢に向かって仕事をすれば、そのプロセス自体が残り99％の人にも誇りや喜びを運ぶのではないだろうか。

第2章

マインドワンダリングしながらモヤモヤをノートに書き留めてみよう

　設計はまず設計対象を決めて、その要求機能を設定し、最後に設計解を選定する。この設計の思考過程の上流になるほど制約条件が曖昧になるので、決めるときにはアブダクション（仮説生成）が必要になる。この仮説（自説）は、多くの記憶が無意識の中で想起されるようなマインドワンダリング（心の彷徨）状態のときに生成される。脳が何かの仕事に集中しているときは、たとえば、呼吸を数えると、意図的にマインドワンダリング状態に移行できる。

１ イノベーションや創造を生み出す"お作法"を知りたい

　第1章で述べたように、日本はバブル崩壊以来、ゼロ成長であり、日本人はこの「失われた25年」の間、ずっと焦りまくっている。世の中は、一方で成長し続けている米国を倣って、イノベーター育成論や創造設計論を渇望し、多くの研究者が各種の方法を提案してきた。試しに、本屋のビジネス書の棚を眺めてみれば、実に多くの"読めば君も天才になれる"風の内容の本に接することができる。残念なことに、その多くは本家米国の方法の日本人向けバージョンにすぎないのであるが……。筆者らも、部下や学生がイノベーションや創造を生み出してくれることを夢見て、世に出回っているいくつかの教育方法（多くは観念的で"お作法"に近いもの）を試してみた。

　たとえば、いわゆるポジティブ・シンキング、つまり前向きに楽観的にものごとを考えて、ストレスに負けずに挑戦する性格に変身する方法も試してみた。これは効果的であった。人間は新しいことに挑戦するたびに必ず一度は失敗するから、そのたびに落ち込んでいたら身が持たない。野球でサヨナラ負けした救援投手のように、「済んでしまったことは仕方が無い。明日、抑えればいい」と開き直ってインタビューに応じることが有効である。クローザーならば日米の誰でも同じようにインタビューで答えているから、それが"型"なのであろう。明日にまで失敗を引きずらないことは肝要である。

　しかし、人間の悩みは個人ごとに多種多様である。たとえば、自動車のエンジニアが走行テストにおいて、ボールベアリングが摩耗して失敗したときに、「済んでしまったことは仕方が無い。明日、ベアリングを交換して走り切ればいい」と"型"どおりに開き直っても、摩耗に至った根本原因は不明だから、明日も失敗するだろう。工学の問題は精神論では解決しない。**実際、筆者らが試してみたいずれの方法も、いつ、いかなる場合にでも悩みを解消できるというような特効薬では無かった。**もっと、一般的、普遍的、工学的、理系的な"お作法"はないのだろうか。

そこで、先が見えない筆者らは、コラム1に記したように、実際にイノベーションや創造を創成した方々にインタビューしたのである。すると、彼らの共通点として、「イノベーションや創造を考え付く前の1年間くらいは、モヤモヤとした気持ちでいつもアレヤコレヤと考えて苦しかった」と答えた事実を見出した。つまり、**イノベーションや創造という成功は、あるときに突然、不連続的に天啓のごとく閃くものでもなかった。その前に、ジタバタして怪しげな自説をたくさん考え出さねばならない、という前駆的状況が不可欠だったのである**。逆に言えば、この一生懸命に考えているけれど達成できない"モヤモヤ感"の創出こそ、成功のための"お作法"の一つではないだろうか。

　エンジニアは、ベアリングが摩耗しないことを神に祈ることが仕事ではない。その暇があったら、現象をよく観察して、多くの仮説を提案し、対策を見つけ出さなければならない。小学生の理科の教科書を見ても、まず「実験の目的を設定し、次に仮説を立て、方法、結果、考察、結論と作業を進めなさい」と書いてある。つまり、**「仮説立証」が科学的な方法なのである。エンジニアは実験の前に、常に脳を働かせて仮説を提案し続けるべきである**。そして、脳はその仮説が実験によって正しいと立証されれば、脳内に出されたアドレナリンで気持ちが良くなる。ということは、仮説立証は"合脳的"でもある。上述の"モヤモヤ感"は、自分の考えた仮説群で混沌としている状態である。その仮説が立証されて目の前が晴れわたるまで、仮説を出し続けることこそ、イノベーションや創造には不可欠なことではないだろうか。

❷ イノベーションや創造を生み出すまでの時間は長い

　上述のようにイノベーションや創造には、仮説を出し続けることが不可欠であるが、必ず息切れがしてくる。ついに補給が続かずに"玉切れ"で一時的にお手上げになった、というときの思考が最も大事である。このとき、**ちょっと休んで「この実験の目的は何だったっけ？」を自問するのが肝要である**。この"目的の再認識"も、成功のための"お作法"の一つであろう。どうしても人

間は、その先の手段や制約条件の決定に拘泥し、このときの局所的な不具合で苦しむことが多い。たとえば、ボールベアリングの摩耗がどうしても防げないのならば、「回転軸の荷重を支える」というベアリングの目的まで遡ればよい。この目的を達成するには、ボールベアリングではなく、より高荷重に適するニードルベアリングや、摺動面に油をはさんだ動圧ベアリングでも、設計解としてはかまわない。つまり、同じ目的を実現できる別の手段が見つかるかもしれない。また、目的の制約条件を少し緩めるのも、一つの手である。ベアリングの回転数を低くしたり、直径を大きくすれば、摩耗は防げる。目的という思考領域の上方にまで遡れば、視野が広くなって、思考領域の下方にあったのに今まで気づかなかった、別の設計解を見つけることができる。

　逆にいえば、**最初に決めた手段を愚直に遂行し続けて、最後には"手段を目的化"して1人で悩むことが、創造活動の中で最もタチが悪い**。いわゆる、ドツボにはまった状態になって、自分の周りに正解がないのに、狭い空間であがくことになる。たとえば、ボールベアリングは天与のものと考えて変更せずに、境界条件のグリースや与圧の条件を絨毯爆撃で最適化しようと実験を繰り返すことが、その一つである。しかし、多くの場合、摩滅までの時間を少し延命させる程度の結果しか得られず、根本的対策には至らない。しかし、このときに「実験を1000回繰り返してもへこたれなかった」ということが美談として報道されるから、皆が勘違いする。「決定条件が100個あるのにたった1000回の実験で収束させた」という科学的思考法が美談のはずであるのに。普通は1000回やるうちに資金は費え、人生も尽きる。このように、仮説立証までの時間は長い。たとえ立証に至らなくても、ビジネスチャンス到来の時期に、仮説を公表し起業したいのに、開発を実にダラダラと長く続けてしまう。

　しかし、**一見無駄に見える時間内にとにかく自分の仮説を提案し続け、モヤモヤした状態を維持することが、次のイノベーションや創造を生み出すのではないか**。このように筆者らは考えたのである。仮説と一言にいっても実に曖昧である。少なくとも考えたことのない若い部下や学生には、どこを起点に仮説を考え始めるべきか、どのような方向に仮説を展開すべきか、ということに苦

しむ。少なくとも、指針のようなお作法は教育上、はっきり示すべきである。

また、**その展開すべき方向であるが、手段でなく、目的が有効そうである。また、how to make でなく what to do、または設計解でなくて要求機能が方向として好ましそうである。**たとえば、自分の組織を活発にするために、「リーダーとしてAさんとBさんのどちらを選ぼうか」ということに集中するのはあまり良い方向ではない。個人名を出すこと自体、設計解を考えているからである。そうではなく、ここは一度高みに登って、変革が主張できる雰囲気にしたいとか、女性も平等に働けるようにしたい、というような、組織の要求機能を討論すべきである。

よもやま話⑤

16年前、筆者が教授になった42歳の頃、どういうわけか知らないが、「国のプロジェクトの第一次審査として研究分野を提案せよ」という秘密のお誘いが来た。その頃、設計のナレッジマネジメントが流行りで、筆者もその潮流に乗って、いろいろな研究をやっていた。数億円かけて開発していた「創造設計エンジン」とか「失敗知識データベース」というのも、その一つである。その流れで、「設計がうまくなる設計思考支援方法」というのを研究したいと提案した。ちょうど、MITのN. P. Suh先生の「公理的設計」という本の翻訳もしていたから、いつかは設計思考の一般的法則を導きたいと思っていた。

でも、その提案は余りにも文系的・抽象的であり過ぎたのか、すぐにリジェクトになった。しかし、そのような夢を一度、語っておくと、岐路に出くわすたびに、その夢実現の方向に舵を切るのが人間の常である。本書の上述の"お作法"は、実はその頃の夢そのものだった。ここを書いているときに、ふと16年前の夢を思い出したのである。新しい道を切り開いているつもりでいても、実は若い頃からの夢に続く道の一里塚の前に立っていたに過ぎない。あらためて、自説を述べることが重要であることを再確認した。

❸ 設計の目的まで遡ると、別の設計解が見つかる

よくある話であるが、自分でも深く考えたことがないくせに、思いつきで簡

単に命令する上司がどこの組織にもいる。たとえば、「もっと凄くて、他社が追いつけないようなダントツのイノベーションや創造を考えよ」と命令する。それが容易に見つかれば世話は無い。しかし、アホな命令でも命令であることには変わりはない。クビになってもしょうがないので、会議室や図書室に籠もって思考に集中するフリをする。しかし、何に集中すべきかわからないので、大体は何も出てこない。

　そこで、たとえば、「来期の目玉になるような新商品を開発しよう」というように、具体的な目的を定める。そして、自社の製品をズラッと思い浮かべて、「そのうちのどれを対象にして新商品を創出しようか」と考える。しかし、たまたま既製品の品質や売上が好調であり、顧客からの強いクレームや要望が無いと、新商品候補が絞れずに苦悶する。鉄砲があっても的がなければ、いくら百発百中の鉄砲でもその腕前が証明できず、宝の持ち腐れになる。設計解優先の方法はうまくいかない。

　この苦悶は、最初に、手段（自社の改良すべき製品）を起点に考えたことが原因である。自社の既製品を大きくしたり、安くしたり、操作しやすくすることばかり考えるから、モノから抜け出せなくなるのである。このようなときは、思考の起点を目的にすべきである。たとえば、自分でその新商品Xを使って「便利だなあ」と喜ぶ姿を想像するのである。新製品Xは、このとき幽霊にすぎず、まだ形はないが、それでもかまわない。新商品Xを使って、家族で楽しめたり、自動化によって余暇ができたり、軽快に持ち運びができたり、と考えて、新商品Xの価値をまず仮説推量する。そして、次にこれらの価値を満足する新商品Xをいよいよ考えるのである。このような要求機能優先の方法によって、たとえば既製品の上下を引っくり返したような新商品を思いつくかも知れない。明治以来、日本のエンジニアは「設計とは "How to make" を選ぶことである」と教育されてきた。だから、いまさら「設計とは "What to do" を決めてから始まる」という正しい方法を聞いても、面食らうだけで対応できない。仮に要求機能優先の方法によって思いついた新商品が、設計解優先の方法で思いついたものと似たようなものだとしても、要求機能から考えたほうが、

より科学的・合理的で、しかも修正しやすく短時間でできる。

　たとえば、自動車の円形ハンドルの価値は、運転手が操舵角を意思通りに出力できるか否かにかかっている。その要求機能を意識して、改良商品を設計すべきである。しかし、100年前に自動車が日本に紹介されたとき、すでにハンドルが円形だったから、日本人のエンジニアは円形になった理由を知らなかった。もっとも、ハンドルの国産化が仕事だったから、知る必要さえなかった。それ以降、円形になった理由を考えること自体、国産化の仕事を遅延させるので好ましくない、と判断された。船舶は舵を最大角まで切るのに、面舵いっぱいとハンドルをグルグル回すのでハンドルが円形になった。もしかしたら、自動車が船舶を真似したのかも知れない。自動車も最大角に切るまでハンドルを2回転半、回させねばならないので円形が便利である。

　しかし、同じ自動車でもF1のレーシングカーならば半回転で済むので円形である必要はない。であるが、F1を普通の人間が運転したら、急なターンを切りやすく、また、遊び（ガタ）も無いので蛇行するに違いない……。ここで、蛇行する自動車を想像できれば、要求機能を思い出すことにつながろう。航空機のH型の操縦棹や、自転車の横棒のハンドルのような、別のハンドルも設計できる。急ターンによる蛇行やスピンは、別個に自動車のコンピュータが防げばよい。**まず、対象はこれまでに考え続けたものと同じでもいいから、次からはこの商品の要求機能は何かと自問し続けるとよい。自然と要求機能優先の思考方法が身についてくる。**

4 困ったときは、設計過程の上流に遡って考え直せ

　そもそも何事も設計するときは、**図2.1**に記すような思考過程をたどる。短く言えば、**「思いを言葉に、言葉を形に、形をモノに」**という順番で設計概念を決めていくのが設計である。図の左側から右側へと、**思考は具体化・細分化していく。設計中に行き詰まったら、「設計思考過程の上流に遡って考え直せ」**というのが一般的法則である。つまり、"形"がうまくいかないのならば、

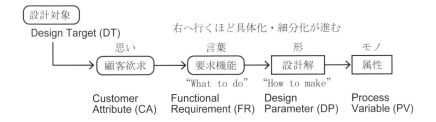

(a) 設計解の思考過程

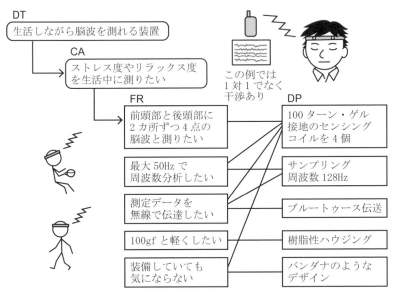

(b) ウェアラブルな脳波測定装置の設計の例

図 2.1　設計の思考過程

"why not ?" と言いながら、左側の "言葉" を再考する。また、"言葉" がうまく捉えられないのならば、また "why not ?" と言ってさらに左側の "思い" を考え直す。

設計ではまず、図の最左端で、設計対象（design target）を決める。細かいことは決めなくてもいいが、上述したような「来期の目玉」では候補が多すぎる。言い換えれば、あまりに抽象的なので、考えるべき領域が広くなりすぎる。そこでもっと範囲を狭めて、たとえば、設計対象として、「生活しながら脳波を測れるもの」と仮置きしてみよう。その仮置きは、もちろん、ヒラメキで生まれたわけではない。その直前に、不安、リラックス、センサ、活動、心の豊かさ、というような言葉が蠢く"モヤモヤ感"が充満していたのである。しかし、ある日、突然に設計者は「顧客が『ストレス度やリラックス度を生活中に測りたい』という要望を持っている」ということに気づき、それを満足する設計解として、脳波が候補に上がったのである。このとき、具体的な装置はまだ幽霊である。

　次に、この装置に要求される機能を分析する。ここではその実現可能性は問わず、また、どのような形状かも問わないで、とにかく顧客は何をやりたいか、を言語で書く。たとえば、「前頭部と後頭部に2カ所ずつ4点の脳波を測りたい」「最大50Hzで周波数分析したい」「測定データを無線で伝送したい」「100gfと軽くしたい」「装備していても気にならない」というような言葉で要求機能を順次決めていく。ここで、**要求機能 FR（functional requirement）は"漏れなくダブりなく"選ぶことが重要である**。数学的な解釈は本書では省略するが、漏れなくダブりなく設定できれば、設計解が固有ベクトルになる。

　要求機能は上述の"What to do"である。これを設定することは設計を定義することと同義であるが、それには卓越した課題設定能力を要する。筆者の設計工学の講義では課題設定の訓練を繰り返す。しかし、日本人・中国人・韓国人の学生諸君は、総じて、これを列挙するのが欧米人の学生に比べてヘタクソである。100年間、欧米の真似ばかりしてきた結果、DNAまで変質したのであろうか。学生の中には、「そもそも、この顧客の要求機能というものは、工学ではなく、経営学を学んだ人が決めるべきである。だから、自分が要求機能をわからなくても当然である」と開き直る学生さえいる。それではいけない。21世紀の工学は、図2.1のすべての思考過程を守備範囲にしているのである。

よもやま話⑥

筆者の学部3年生向けの設計工学の講義では、「とにかく要求機能を列挙してみよう」という例題から1回目が始まる。毎年、思考過程のケーススタディに用いているのが、ペットボトルの設計である。ペットボトルに対して、顧客は何を要求しているか（ソフトウェアの業界では機能要件と呼ぶ）、または、顧客は直接に要求していなくてもエンジニアが陰で何を成立させているのか（同じく非機能要件と呼ぶ）を考えて、とにかく20個の要求機能をあげてもらう。このとき、最低でも10分間で10個書けないようでは、エンジニア失格である。MITならば、学生に単位を諦めさせて講義から追放する。

要求機能を書き始めると、学生が手をあげてクレームを述べる。たとえば、「10個書けと言われても、ペットボトルを見る限り、ボディとキャップとラベルの3個の部品しかありません」と言う。しかし、その3つは要求機能ではなく、設計解である。しかも、いくつもの設計解が物理的統合（physical integration）した結果、最後に残ったのがその3つだからヤヤコシイ。もともとの設計解の要素を列記すると、ボディを分解するだけでも、頭部のねじ、円筒表面のくびれ、同じくひだの凹凸、底部の厚み、底部の平面度、ペット膜の透明性、加熱用ペットの積層膜、などがあげられる。それぞれの要求機能がそれぞれの設計によって満足されているのだが、たとえば、ねじは漏れないように再栓するため、くびれは持ちやすくするため、ひだは側面の強度を高めるため、厚みは底の強度を高めるため、というように要求機能の要素がそれぞれにあげられる。それらの設計解群が物理的に統合されて、ボディに生まれ変わったのである。

次に、要求機能として何が最も主要なものかを考えてもらう。たとえば、ペットボトルの第一の主機能は「予め小分けにして売る」である。この機能がイヤならば、昔の水や醤油、コカコーラの販売のように、「樽や噴水から茶碗に注いで売る」という機能を設定しないとならない。このほかに主要な機能として、「買うまで誰も開封していない（毒が入っていない）」「中身の液体が変化しない」「容器ごと冷やすことができる」「鞄に入れて搬送できる」「容器はリサイクルできる」などがあげられる。

毎年、これらを列記すると学生に「これらの要求機能では飲料缶や牛乳パックと同じではないか」とクレームをつけられる。確かにほとんど同じである。ペットボトルだけに付加される要求機能は「開栓後も再び閉栓できて漏れない」「液体の色や残量が見える」のたった2つだけである。一方、1リットルの紙の牛乳パックに至っては「冷蔵庫の扉にすきまなく入る」「リサイクルしやすい」

の2つしか思いつかず、確かにアメリカでは半透明のプラスチックボトルに牛乳は入って売られており、紙パックは日本だけである。

また、日本国で特徴的な要求機能は「自動販売機から買える」である。海外旅行すればすぐにわかるが、日本以外では、自動販売機は壊されるから滅多に道端で発見できない。日本の自動販売機は、容器を重力で転がして搬出口に出すので、円柱以外の容器は転がらないから、販売対象にならない。数年前、スリムボトルという扁平楕円形断面の容器が出回り、これはハンドバックにも入るので女性から大変好評であった。しかし、自動販売機では転がらないので売れず、コンビニだけの販売だったので、気がついたら市場から消え去っていた。

このようにして、学生に要求機能を列挙してもらう。もう出尽くして書けなくなると、「ネコを寄せ付けない」「ロケットにして飛ばす」「自分の水筒として使う」「グシャッと潰してストレスを開放する」というような苦しいものまで総動員してくる。この過度な展開でも、頭がフレキシブルに働いた、という証拠でもあるから、筆者らは非難しない。とにかく、水ぞうきんから一滴もたれなくなるまで頭を絞らせる。

5 要求機能を列記したあとに、設計解を考える

自分の設計対象の要求機能が列記できたら、次にそれらを満足する設計解DP (design parameter)を選ぶ。もちろん、ここで設計解を発明してもよいが、それには研究投資が必要なので、普通は既存の技術を援用する。たとえば、図2.1では、上記の要求機能ごとに「100ターン・ゲル接地のセンシングコイル4個」「サンプリング周波数128Hz」「ブルートゥース伝送」「樹脂製ハウジング」「バンダナのようなデザイン」を選んだ。

ここで、2つの要求機能に干渉するような設計解を選ぶと、図2.1の右下のように、FRとDPを結ぶ線に交差線が現れ干渉が発生する。そこで、思考過程を左から右へだけでなく、その逆方向にも行ったり来たりして、ダブリを解消させるように頭を働かせることが重要である。たとえば、無線伝送は、コイルのインダクタンスとサンプリング周波数に関係してくるから、すでに干渉設

計になっているが、伝送周波数をサンプリング周波数の1000倍にしておけば、干渉の影響は無視できる。

　さらに、その後に設計解の属性PV（process valuable）を決めて、設計の具体化と細分化は完成する（図2.1ではPVを省略）。図の設計思考過程の右側半分の"How to make"の物理的な解決過程は、工学部の学生には得意な分野である。受験勉強でしっかり鍛えたので、問題さえ与えれば正解を短時間に導ける。

　イノベーションや発明を考えるのならば、図2.1に記した、すべての思考過程の要素を理解していないとならない。要求機能が満足されるのならば、設計解として何を選んでもかまわない。たとえば、コイルといえば、鉄心に銅線を巻きつけた形を思い浮かべるだろうが、それではコイルを装着すると、頭から角が生えているように見えて「気にならない」という要求機能に干渉する。それならば、蚊取り線香のような平面状で扁平な渦巻コイルを選べばよい。実際に、それを頭につけても気にならなくなったら、干渉は消滅する。

　筆者の教育経験によると、日本人学生は総じて、設計思考過程の左側半分、つまり、設計対象や要求機能の設定能力が低い。自ら学んで高くするには、マーケティングの講義でも取って、そこで学べばよいのか。そうでもない。概して、机上で練った要求機能に対して、顧客の役目をする先生や友達は「イイネ」とは言うが、絶対に買うとは言わない。皆が論理的に良いと思うものは、100点満点で70点くらいのものが多く、悪くはないが財布を開くレベルの80点には届かないのである。

　たとえば、「AIを使ってプロセス制御したい」という要求機能の提案には、誰も反対しない。社長も、時代遅れにならぬようにその提案の実現を厳命する。そして部長はあわてて「Aさんの雇用」という設計解を選ぶ。しかし、古典的な制御でも既製品の設計時に誰も困っていなければ、Aさんは雇われても何をすべきかわからなくなる。そのようなマーケティングよりは、若い部下や学生が顧客と同じ立場を体験して、共感できる要求機能を探すほうがよい。この共感さえ得られれば、その後、設計する若者に「自分もこういうものが欲しい、

だから絶対に売れる」というような情熱を植え付けることになり、成功率は高まる。

　図2.1の設計対象は、何も工学設計だけに適用されるものでもない。たとえば、町内の秋祭りの企画、来年の演劇公演の製作、社内の横断的な組織への改革、学科の若返りの人事計画、祖父の看護の計画、など何でもよい。**まず、何をしたいかを考えれば、図2.1と同じように、段々と具体化、細分化して設計は決まっていく**。たとえば、プロの野球やサッカーチームの長期的強化策を決めるときは、ジェネラルマネージャーはどのようなチームカラー（これが目的）にすべきか、をまず考えるべきである。オーナーや営業がしゃしゃり出てきて、どのスター選手（これは手段）をトレードで獲得すればよいか、で議論が白熱しているようでは、勝ち目は無い。

❻ 設計の上流になるほど、アブダクションが求められる

　図2.1に示したように、設計も上流過程になるほど、抽象的であり、制約条件も確定されていない状態になる。つまり、薄ボンヤリした夢や希望のようなものである。このとき、上述したように、設計解さえ幽霊であり、形がない。数式も使えないし、図面も描けない。このときあるのは、「思い」だけである。これではディダクションもインダクションも使用不能になり、最後はアブダクションに頼らなければならないことになる。

　つまり、**設計者には「こうすると売れるはず」と、自信過剰であるが熱く語るようなアブダクション能力が求められる**。だが、そのアブダクション能力はいつもどこでも誰でも発現するとは限らないのである。発現するための環境条件が存在するのである。少なくとも、設計の下流過程の仕事中のように、創造的ではないけど、やたらに忙しい、という状態では発現しないのである。筆者らは、若い頃、納期前の繁忙時には、月に150時間も残業して、週末の休暇もなく、家族サービスもできなかった。もちろん、アブダクションする暇も無かったが、それでも不思議と会社は回っていった。とにかく深く考えずに根性

で頑張れば、右肩上がりの経済下だったので、たまたま必ず豊かになれたのである。しかし、それは今は昔の物語である。

　ガムシャラに頑張っても、今の半導体、家電、原発のような分野では、毎年、縮小だけが待っている。今年、就職担当の筆者には、学生から質問が届く。たとえば、「今後10年好調であり続ける企業はどこですか？」というように。自動車、スマホ、工業デザインは、今は好調だが、今後も成功するかは誰もわからない。**主流安定企業の不在が現代の特徴である**。優良会社だった東電、東芝、シャープだって、今や綱渡りである。エンジニアリング会社の一人社長になったつもりで、自分を磨いていくことしか生き残る道はない。

　そこで本書では、雑念を捨てて集中することはひとまず止めて、その逆に、脳の中でアレコレと雑念をたくさん想起させ、マインドワンダリング（mind wandering、心の彷徨、第3章で詳細に解説するが、何かに集中はしていないが、いくつかの記憶野がネットワークとして活性化する準備段階である）の状態に自分の脳を誘い込むことを提案する。現代の脳科学の急速な進歩によって、脳の活動がリアルタイムに可視化できるようになった。筆者らは最初にMRIや脳波で試してみたが、MRIは血流を見ているので、思考がリアルタイムでは測れない。そこで脳波を使ってみることにした。

　次に、マインドワンダリング状態で生まれた雑念や妄想、思いつき、違和感、気づき、満足感、のような漫然としたモヤモヤを、ノートに絵や記号、言葉で書き留めたり、レコーダに声を録音したり、カメラで写真を撮影したり、粘土やレゴブロックで形を作ったりして残しておく方法も加えて提案する。何しろ、漫然としたモヤモヤは、昼寝の寝言や夢のあらすじのようにすぐに忘れる。だから、直後に記録を残すことが必要であり、何かを残しておくと、あとで思考を辿ることができる。

　筆者の中尾は、ピカソも愛用したというモレスキンのノート（復刻版）を使って、モノをデッサンしては妄想を広げて、または小説や記事を読んでは新提案を書き散らし、この2年間、3日に1ページのペースで書いていった（**図2.2**）。これは、大学の同僚でデザイナーである中川聰先生が、違和感を持つ

第 2 章　マインドワンダリングしながらモヤモヤをノートに書き留めてみよう

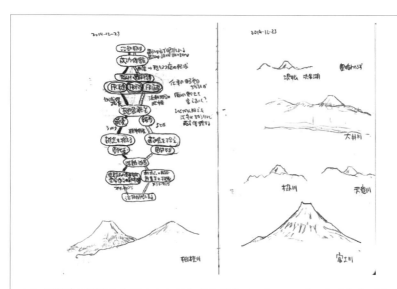

(a) 新幹線の車窓から富士山を見ながら考えて、"つい、うっかり"と"まさか"の失敗の違いがわかった。左の図は『続々・失敗百選』に掲載。

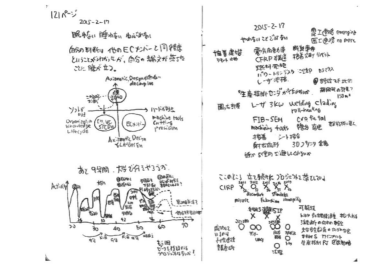

(b) パリの学会に行って時差ボケで夜眠れず。自分の活動度を横軸に年齢でグラフにしてみたら、下り坂でガッカリ。図 4.2 に左下の図を清書。

図 2.2　筆者（中尾）のモレスキンノート（その 1）

(c) 同じくパリ。論文査読中に疲れて、左のデミタスカップをデッサン。右はエッフェル塔と自由の女神。

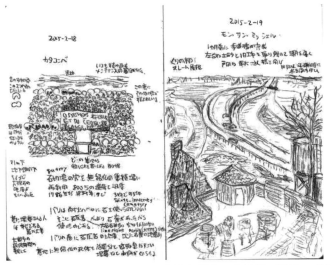

(d) 同じくパリ。左はカタコンベ。石切場を無縁仏の集積場に流用。パリは石の産地。右はモン・サン・ミッシェル。潮を導く工事中。

図 2.2　筆者（中尾）のモレスキンノート（その 2）

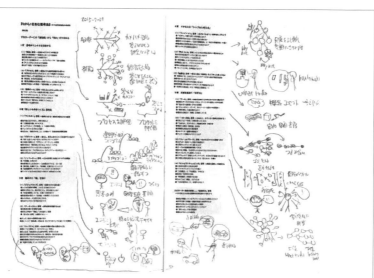

(e)『ゼロからイチを導く方法』という本に使う図を描く。これを本屋に渡して清書。

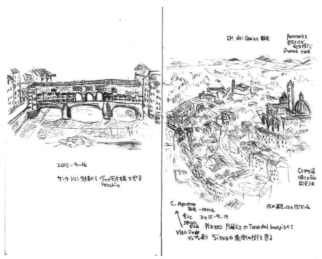

(f) フィレンツェの学会に行く。
左はヴェッキオ橋。右はシエナの街の塔から。どちらも家々ごとの屋根が凹凸していて、向きもアチコチで楽しい。

図 2.2　筆者（中尾）のモレスキンノート（その 3）

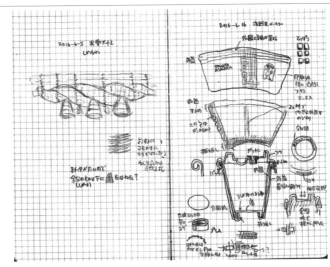

(g) 出雲大社にて。
左の注連縄はコモの中にワラが入っている。ねじっているわけではない。右は東京駅地下のコーヒー屋で紙コップを分解。保温用。

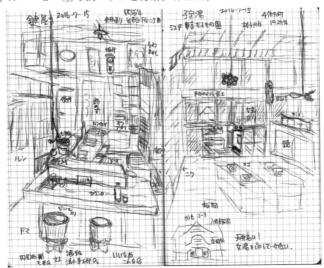

(h) 小金井市東京たてもの園にて。
左は飲み屋で右は風呂屋。昭和の建物。何のパーツが昭和風に見せるのかを考えた。

図 2.2　筆者（中尾）のモレスキンノート（その 4）

第 2 章　マインドワンダリングしながらモヤモヤをノートに書き留めてみよう

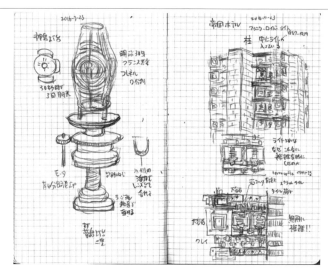

（i）明治村にて。左は燈台。
回転部が水銀の浮力で浮かせているのに感動。右は帝国ホテル。ライト設計のテラコッタが複雑で美しい。

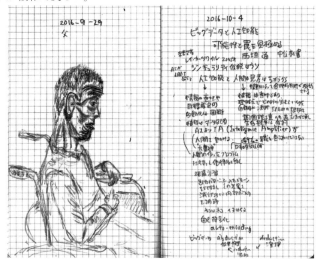

（j）特別養護老人ホームにて。
行くたびに 86 歳の父を描くが全然似ていない。右が人工知能の本を読んで考えたこと。本章のコラム 3 に掲載。

図 2.2　筆者（中尾）のモレスキンノート（その 5）

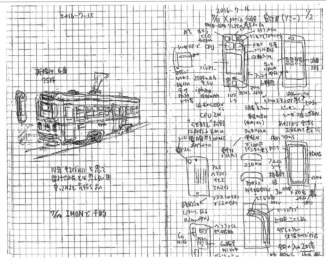

(k) 左は都電。
東京たてもの園で見てから模型を買う。右はソニーの Xperia を分解したときの知見。アンテナがボディに組み込まれているのに感動。

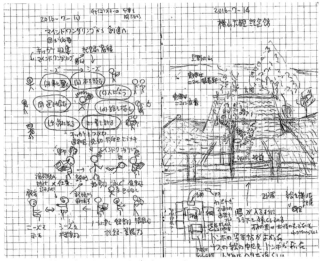

(l) 左でこの本の第 4 章の図 4.1 を考えていた。
チャイコフスキーの 4 番を聴きながら描く。右は横山大観記念館。絵を描いていたという 2 階の部屋から上野を見る。陽がよく入るように廊下を狭くしていた。

図 2.2　筆者（中尾）のモレスキンノート（その 6）

たびにその対象をデッサンし、または会議中に何かを思いつけば会議内容とは全然関係なくコンセプトを書いていたのを見て、サル真似してみたことから始まった。3日にたった1ページでも、合わせて240ページも自説が書いてあると壮観である。読み返せば、自分も結構、考えていたなあと感心する。モレスキンのノートは2600円と高いので大事に使うし、高いだけあって頑丈である。もちろん、研究ノートでも大学ノートでも手帳でもかまわない。

これは、いわゆる紙と鉛筆の仕事であり、簡単である。いや、簡単にしておかないと、用具を準備する間にでも、自説を忘れてしまう。筆者は、ノートと一緒に、シャープペンと鉛筆と厚紙の下敷きをリュックに入れて、描きたいと思ったら10秒以内にノートを開いてシャープペンを持てるようにした。とにかく、自分なりの出力方法を編み出すことが大事である。これこそ、自分を磨くための一つの修行である。

　たとえば、自説の例を筆者の中尾のモレスキンのノートから取り出してみよう。恥ずかしいから、中身が読めない程度の縮小コピーを図2.2に示す。このノートを使うようになって、思いついたら書き始める癖がついた。デッサンは写真を撮るよりも、いつまでも頭に形が残る。「なんだ、こんな程度の絵ならば、自分でもできる」と誰でも思うだろう。

7 アブダクションで思考をジャンプさせる

　再度繰り返すが、一般に創造を形成するには、論理的な導出である帰納（Induction）や演繹（Deduction）だけではなく、ときには思考の飛躍である仮説推量（Abduction）が必要である。しかし、実際の設計現場では、どのようにして設計者がその設計解を思いついたのか、そしてなぜそれに決めたのか、が誰もわからない。頭の中の動きが記録されていないから、仕方がない。このため、設計論では証拠が無いけれど言い訳のように、アブダクションが決め手になったはず、と説いている。確かに、新しいアイデアには、夢のような突飛な思考のジャンプが有効である。問題は、どうやって意識的にジャンプするか

である。アブダクションは待っているだけでは生まれない。

　世の中のエリートも、常に創造的な仕事を狙っているわけではない。しかし、ここぞという時にはジャンプを狙う。日々の仕事は建設的であるが、創造的であるとは限らない。日々、会議で何かを報告し、誰かにメールで指示し、誰かと会って交渉し、何かの書類を書く。そこでお金が動いて設計目標に近づいていくかもしれないが、単に過去の経験で裏打ちされたルーティンワークを繰り返しているに過ぎない。もちろん、文言の一字一句も間違えないように集中して仕事をするから、夕方になれば疲れてくる。しかし、これは集中力を発揮した結果である。創造力でもアブダクションでもない。

　数学の因数分解やパズルのルービック・キューブも、論理的で高尚な作業のように見えるが、実は作業自体は反復継続であり、慣れれば頭ではなく、指がやってくれるというような作業である。そして、その作業に満足していたら、それ以上の創造的な仕事には就けなくなる。反復継続作業は、退屈さを我慢すれば誰でもできるので、価値は小さく給料は安い。それよりは、モレスキンのノートに書いたように、どこかで自分の記憶を出力して、次にそれらを組み合わせて、最後は新しい自説を形成すべきである。毎日、自説を溜めていけば、いつかはそのうちのどれかが創造に繋がるはずである。

　普通、ビジネスパーソンとなれば、朝、新聞を読み、電車の中で本を読み、昼、グーグルで情報を集め、夜、テレビで社会を観察する。しかし、それだけでは自説は創出できない。これでは、せいぜい5人の部下の工程管理者になるくらいが関の山である。**こういう人こそ、1日に10分間でも良いから、自説を考えてノートに書き込み、自分の持ち球を増やすような、日々の訓練が必要である。**多くの人はこれが必要なことはわかる。問題はどうやってその訓練を日々始めるのかということである。本章では、その答えとして「マインドワンダリングしながらモヤモヤをノートに書き留めてみよう」を章題として提案した。筆者も実行してみたが、難しいが実に楽しい。

8 呼吸を数えるうちにマインドワンダリング状態に入っていく

　筆者はモレスキンのページ数を数える限り、3日に10分間のペースでしか、マインドワンダリングを実行できなかった。自分の体験談であるが、「さあ、マインドワンダリング状態に脳を持っていくぞ」「モレスキンを広げて書き出すぞ」と書斎で気合いを入れても、すぐに鉄道模型を作り出したり、数独パズルを解き始めたりして何も進まなかった。考えが進むのはプールで1500m泳いでいるときや、川の土手を30分程度ジョギングしているときであった。しかし、ノートを持っていなかったので、たくさん考えたのにほとんどが思い出せずに消えてしまった。また、新幹線や飛行機の中も有効であった。旅に出るとたくさんデッサンして、たくさんノートに書いたことがわかる。

　筆者はそれでもアレコレ考える状態に3日に1回は移行できたが、なかには始めようと思っても移行できない人もいる。そこで誰でも簡単に移行できる方法が必要になる。**脳科学によれば、呼吸を数えることが最も簡単に瞑想状態に移行できる方法であるらしい**。呼吸として、30cm先のロウソクを消すようにフーと細く吹くのが良いらしい。明らかに1回と数えられる。吹くことが大事で、吹けば吸うことがそのあとで無意識に行われる。ある論文には3.5秒後に瞑想状態に移行できたというデータも載っていたから、修行を積むとアッという間に移行できるのであろう。人間が生きていくのに最低限、必要な動作は呼吸である。自律神経で調整しているもののうち呼吸だけが自分でコントロールできるらしい。確かに心拍数も血圧も念じて変えられるものではない。筆者は円覚寺で座禅を体験したが、そこでも息だけに集中せよと言われた。

　マインドワンダリング状態に移行後、アレコレと考えるのは長くても30分間である。それ以上は疲れるし外乱が入る。しかし、**30分間と言わず、たった10分間でも、静かに考えられる場所というのは案外、無いものである**。事務所や教授室はうるさすぎる。堅苦しい場所でなくてもよい。昼食後のテーブルでも、喫茶店の片隅でも、公園のベンチでも、電車の中でも、トイレの中でも、

寝床の中でも、会議中の内職でもかまわない。そっと一人にしてくれる場所を探す。俗に"三上"が文章を考えるのによいというが、それは馬上、枕上、厠上である。もちろん、通勤電車やトイレの中では、モレスキンでも大きすぎるので、手帳に書くほうが便利である。

　つまり、**創造に一歩、近づくには、手帳でもノートでも1冊持ち歩き、マインドワンダリングの瞑想状態に入って、そのときに自説を思いつくままに書く癖をつければよいだけである。**文字が面倒ならば、絵でも記号でも写真でも声でもかまわない。ちなみに、芸術系の工業デザイナーは、機械のエンジニアのようにネジや歯車の標準品がないうえに、ちょっとでも従来の作品と似ていると犯罪者になるほど、独創性が重視される。だからこそ、日々、モレスキンのノートに違和感や感動を覚えたものを観察し、自分のデザインの起点を残していく。エンジニアもコンサルタントも同様な脳のお手入れが必要である。

9 自説形成法を教育で用いてみよう

　上述の自説形成法に対して、日本人が苦手であるという理由は、できないのではなくて、やったことがないからである。やってみれば、半数の人はできるようになる。ただ、勇気がなかっただけである。

　夏目漱石はロンドン留学中の日記の中に、「真面目に考えよ。誠実に語れ。真摯に行え。汝の現今に播く種はやがて、汝の収むべき未来となって現れるべし」と書いた。文学を極めようという彼の意志を表した文章であるが、帰国後に「吾輩は猫である」を書いて、そのとおりに文豪となった。

　「考えよ、語れ、行え」は本書の内容そのものであり、自説形成と仮説立証を薦めている。

　東大の理系では学部4年生になると研究室に配属され、教員は彼らに研究会で自分の意見を発表させている。4年生の1年間と修士課程の2年間を経る頃には、結構、自分の意見を言えるようになる。日本の研究室は欧米と比べると放任主義であり、教授は要求機能を示すだけで、設計解は学生にまかせるから

であろう。しかし、短所もあって、この教育を受けた若者は、企業に入ったあとも自分で考えようとする。細かに指示する課長や部長に楯突いて、「（小声でウルサイなあとつぶやいた後で）仕事の目的だけを命令してください。手段は私が考えますから」と言うから嫌われる。しかし、コンサルタント会社や大学では、自説を言わないとアシスタントやテクニシャンのような単純作業者に降格させられるくらい、今や自己主張が要求されている。世界レベルの論文を書き、世界レベルの新事業を始めるには、そのように教育せざるを得ないのである。

　もちろん、組織の中には旧態依然とした企業もある。たとえば、30年間も設計変更がないインフラのシステムが売り物の会社や、一つも失敗が許されないパワーエリートを抱える銀行がその例である。そこでは自説を主張したら最後、「生意気だ。正確に事実だけを要約せよ、君が意見するなんて30年早い！」と上司に怒鳴られる。それでは新ビジネスが生まれにくいことも事実である。現在の社会情勢に即した教育方法という観点から評価すると、本書のような、脳科学を用いた自説形成法は有望である。どの企業に帰属していようとも、今の若者は個人として、自分の意見を言う能力に磨きをかけるべきである。

　少なくとも若者は、大学生になったら受験生体質から脱皮して、どの講義においても自説を述べるべきである。そのために、小学生から高校生までの長い間、必死に理解力、観察力、記憶力、集中力を磨いてきたのだから、次はそれを使う番である。前述したように、**基礎力で保証されているのだから、自説も荒唐無稽に見えて、実は鋭いものが多い**。**恥ずかしがる必要は無い**。どんどん主張すべきである。それが日本を再生させるのである。

コラム 3
東大生よりもワトソン君のほうが賢くなる?!

1 恐ろしい速度で AI が進化している

　インターネットとビッグデータが異常なほどに発達し、今や、必要な知識を探すだけならば、手元のスマホの中にあるグーグルのほうがどんな人間よりも優秀である。最近は、チェス、将棋、囲碁の世界チャンピオンが次々と AI に敗れている。これはただ単に、ビッグデータから、有用な知識を検索できる能力に優れた結果だけではない。そのソフト自体が経験を積んで、日々、賢くなっているのである。たとえば、グーグルのアルファー碁は、過去 500 年間分の人間同士の対局の棋譜 15 万局を機械学習しただけでなく、さらに、コンピュータ同士の対局で新たにその 200 倍の 3000 万局を創生して用いた。つまり、コンピュータ自身の経験によって機械学習をした結果、これまで人間が試したことのなかった奇手も指すので、名人も驚くのである。コンピュータは何世代分の人間の経験をあっという間に体験してしまう。もはや、自分は経験豊富でフレキシブルに直観で判断できると自画自賛していた人間も、ゲームや定常作業では勝ち目は無い。
　こうなると 10 年以内には、たとえば IBM のワトソン君が東大の入試にトップ合格するようになる。さらに会計のごまかしを摘発できて公認会計士や監査法人を駆逐し、または、問診の結果を入力すると的確に病例と診療方法を提案して、街の内科医の権威を失墜させるだろう。受験勉強が得意な東大生を雇うよりも、AI 付きのコンピュータを買ったほうが仕事は進む、という世の中が間もなく来るのである。
　いよいよ、東大生も、得意な理解力、観察力、分析力、記憶力のうち、過去の事例を利用して判断する能力、特に記憶力はコンピュータに負ける

ようになる。こうなると、逆の種類の能力、つまり、**過去に事例が無いが、特殊な時代や文化に合った提案を創出できるという自説形成力**が、その人の価値を決めるようになる。コンピュータはその判断のための秘書として用いればよい。「ナポレオンがロシアから撤退したときは何年か？」という質問はコンピュータが瞬時に答えるが、「チャイコフスキーは祝典序曲1812年の中で何mm砲を撃ちたかったのか？」という質問はチャイコフスキーの意志がわからないからコンピュータはお手上げである。しかし、音楽監督はやらねばならないから、とにかく答えを自分の意志として表示しないとならない。

2　人間は意志を持つから面白いし、そこがコンピュータとは異なる

図2.3に今、流行りのIoTやAIの中で生きていける人間の姿を示す。図の中央に記した、センサからインターネット、クラウドコンピュータ、

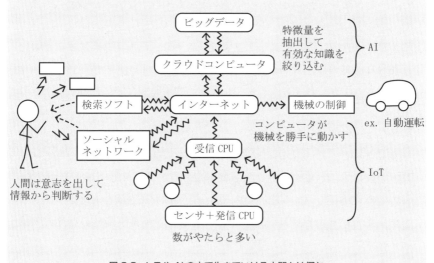

図2.3　IoTやAIの中で生きていける人間とは何か

ビッグデータまでのラインは、現在、異常に発達した。まもなく、自動車も、地図をビッグデータから取り出して、センサでローカルに制御しながら、自動運転を完成させていくのであろう。

しかし、コンピュータが威力を発揮するのは、作業の過去のデータが豊富で、作業内容が外乱に影響されず、初期条件や境界条件が確定している場合だけである。たとえば、「明日は晴れるか？」は50年分の天気予報のデータと現在の衛星写真と明日までのシミュレーション結果を使って答えてくれるだろうが、「10年後の僕は幸せか？」は僕の幸せの定義がわからないし、僕がどのような人生を送りたいのか、も知らないから無理である。

一方、人間が威力を発揮するのは、意志を持った判断が求められたとき、さらに作業の情報が少ない、または皆無のときである。「何か面白いこと、無いかな？」とあくびをしながら質問しても、母親ならば「下らないこと言ってないで大学に行きなさい！」とたたき出すだろう。これは正解である。まずはdoingが大事で、動いていればそのうち、何かの興味に行き当たる。コンピュータはdoingの候補を教えてくれるだろうが、選ぶのは人間である。

人間の得意技は意志である。意志は目的とも言い換えられるが、そこに論理的な論拠は要らない。たとえば、AIはパーフェクトな自動運転車を運転できるかもしれない。しかし、顧客の約束時間に間に合うように自動車を時間貸の駐車場に入れて地下鉄で行くとか、大雨で夜間山中の非舗装道路だから自動運転モードをオフにしてゆっくり行く、とかの人間の意志を実現することはAIにとって難しい。筆者らは鉱山内の建設機械の自動運転を分析しているが、危ないのは無人車の制御ミスによる暴走でなく、有人車の判断ミスによる迷走であった。人間は財布を忘れたとか、カンガルーが見たいとか思って、道を外れてUターンするくらいの突発的な意志を持つが、その人の過去の履歴がないとまったく予測不能になる。さらに、この意志は精神的に弱く、その日のストレスによって判断は180度

異なってくるので厄介である。

　意志は正しいときも間違っているときもあるが、いずれにせよ、コンピュータの計算とは別の土俵にあるので競争にはならない。逆に言えば、**せっかく生きているのだから、人間は意志を持たないと損である。人間は下らない価値を真面目に考えるから面白いのである**。ゲームは、高尚な囲碁でなくても、五目並べや○×ゲームでも家族で楽しめる。価値は楽しむことであると定義すると、AIが名人に勝っても驚きだが面白くない。意志を尊重する人間だからこそ、勝ちたいと必死になる棋士に感動するのであろう。

❸　企業の中ではすべての人間が優先的に意志を示せるわけではない

　企業の仕事の中で、その意志が許されているのは、人間の中でも限られたエリートだけである。もちろん、ヒラのサラリーマンでもバイトでも、就業時間外はどのような意志を示してもかまわない。しかし、時間内は規則通りに行動しないとならない。たとえば、エンジニアの下のテクニシャンやオペレータは、命令されたことだけしか行動が許されない。筆者が失敗学でよく見かけるのだが、「非正規社員はプラントでスイッチとバルブを触ってはいけない」という鉄則が事故を招いている。「バルブは当然、正規社員が閉めてくれている」と信じて作業したら、実は開いていたということはよくある。それだったら「非正規社員が正規社員に注意を促せばよかった」という結論に達するが、なかなか正規社員に物申すというのが難しくなった。会社の規律を乱した罪で即時解雇もありうる。今の日本では、60％の正社員と、40％の請負、派遣、契約、パートなどの非正規社員とに分かれ、また両者の間の溝が深く、給与や休暇、福祉、解雇、等には大きな差がある。

　非正規社員は、ホームローンの審査が通らないし、産休や育休はもらえないし、3カ月ごとの契約更新で常に不安になる。加えて、「自分の意志

も発揮するな」と言われたらやっていられない。まるで操り人形である。しかも、その分類が高校卒業と大学卒業のときに決まるというのは、おかしな話である。富の格差だけでなく、情報の格差や意志の格差も歴然と生まれてきている。

　事務系の会社では、正規社員に非正規のアシスタントがつくという形態が多いが、アシスタントは体を動かすわけではないから、そのうちコンピュータに置き換わっていくだろう。一方、製造業では、オペレータをロボットに置き換えると高くつくので、非正規社員を雇うという形態が今後も続くだろう。今のところ、正規と非正規の待遇の差が大きすぎることは、政治が動かないから如何（いかん）ともしがたい。若者の年寄りに対する反乱しか、救う手だてがない。

第3章
創造的思考の科学的アプローチ

　いわゆる脳科学の発展によって、マインドワンダリング状態のときの脳活動を、機能的磁気共鳴画像法や脳波などを使って可視化できるようになった。マインドワンダリング状態のときに、頭の中ではネットワーク状に意味的に関係付けられる情報群が想起されるが、人間はそれらを別に構成しなおして創造的思考として顕在化する。逆に言えば、創造的思考を目指す場合は、マインドワンダリングの脳の状態に移行できるか否かが重要になる。

１ 閃きはどのようにして生まれるのか？

　本書でも繰り返し述べられているように、社会課題のグローバル化や複雑化によって、製品やサービスの差別化が強く意識されるようになり、コンセプト段階からのアイデア発想が重視されている。アイデアを実装するための問題解決型の"How to make"思考ももちろん重要であるが、何よりも問題発見型の"What to do"思考を駆使して新しい価値観を創り出さないことには国際競争に勝てないのである。"What to do"思考のように、製品・サービス設計における上流過程のコンセプト設計において、オリジナルで価値あるものを生み出すための思考方法を創造的思考と呼ぶ。私達の誰しもが創造的でありたいと熱望するものであるが、自分は創造的であると言い切れる人はなかなかいない。創造的思考を誰でも簡単に使えればいいのであるが、まだ「これだ！」というような明快な方法論は見当たらないのである。本章では、創造的思考を認知科学、脳科学の科学的視点から考えてみたい。

　創造的思考は古くから多くの研究者の研究対象になってきた。**研究者という職業がそもそも創造性を必要とするものであり、創造性を高めるための創造的思考のプロセスの解明は研究者にとって魅力的なテーマなのである**。これまで、創造的思考について、さまざまな仮説モデルが提唱されているが、図3.1に代表的なモデルを紹介する。このモデルは、アメリカの科学者であるワラスが提唱したもので、創造的思考を4つのプロセスに分けて説明している。最初は「準備（preparation）」の段階で、課題が与えられたとき、まず論理を適用し、推論によって解の探索が行われる。次の「孵化（incubation）」と呼ばれる段階は、いったん問題解決の試みを停止して、問題以外にも注意を向ける期間である。その後に、突然、解が得られる「閃き（illumination）」の段階に至るとされている。閃きの段階で得られた解は、必ずしも価値のあるものかどうかはまだわからない。論理と推論により解の妥当性を「検証（verification）」する段階も必要である。検証した結果、解の妥当性が得られない場合には、また準備の段

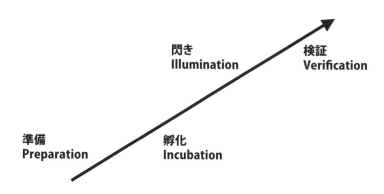

図3.1　創造的思考のプロセス（Wallas、1926）

階に戻ってプロセスを進めていくことになる。

　新しい価値観を創り出すような場合、自分が持っている論理を適用して推論を重ねていく「準備」段階も重要であるが、集中して考える状態からいったん離れて、アイデアを温める期間も必要になってくる。特に、世の中にまだ存在しない製品やサービスを考えるといった難しい課題やこれまで経験したことのない課題では、いくら長い時間をかけて根を詰めて考えてもなかなか良いアイデアが思い浮かばなかったものが、週末の休みに入りリラックスしたふとした瞬間に、突然良いアイデアが閃くといった経験をしたことのある方も多いだろう。このように解けないパズルが、ふとした瞬間に思いがけず解けるような状態は、アルキメデスが風呂に入っていたときに重要な発見をして叫んだ言葉に由来してエウレカ効果と呼ばれている。考えに考えぬいて解けなかった難しい問題の解が、突然閃いたときの高揚感たるや大変なものである。裸ではなくとも叫びたくなるのもうなずける。閃きに至る思考の方法論があれば是非とも知りたいものである。

分析的処理	直感的処理
意識的	無意識的
顕在的	潜在的
統制的	自動的
時間をかけた処理	素早い処理
分析的・熟考的	経験則
言語的	非言語的

図3.2　思考の2つのプロセス（Evans, 2008）

　人間の思考プロセスには大きく分けて2つのシステムがある（**図3.2**）。一つは左側の分析的処理システムと呼ばれるもので、意識的で時間をかけて言葉を使って熟考するようなシステムである。創造的思考の「準備」段階や「検証」段階では、主にこのシステムが使われる。もう一方は、右側の直感的処理システムと呼ばれ、無意識的で非常に早く処理される言葉を介さないシステムである。これは、でたらめな考え方というわけではなく、しっかりと経験則に基づいた思考システムである。**閃きは、この直感的思考システムに属するもので、この処理システムの性質上、良いアイデアを閃いた本人もどのようにして閃いたか言葉でうまく説明できない**。閃きに至った無意識の暗黙知を形式知化することは難しいのである。

2 あなたの無意識を可視化する脳科学

　私達の思考プロセスについて意識的なものだけでなく無意識的なものも含めてうまく捉えて、理解できる良い方法はないものだろうか？
　筆者の上田が専門としている認知科学は、人間の感覚（視覚、聴覚、触覚など）、運動、記憶、言語、思考、感情、注意、意識などを、入力、処理、出力

といった情報処理プロセスとして捉えて分解して理解しようとする研究領域である。つまりは、見たり、聞いたり、考えたりと、人間がやっていることすべてが研究対象となる。研究方法としては、アンケートやインタビューなどによって、今何を考えているか、何を感じているかなどのような主観的な心理状態を聞くこともあれば、課題を解決するまでの所要時間を計測したり、何に注目しているのかを視線の動きを計測することによって行動システムを観察することもある。さらに、近年、特に注目されているのが、人間の脳の活動を測る脳科学的な手法である（専門的には認知神経科学と呼ばれるが、ここでは一般的な呼称である脳科学を用いる）。

　人間が行っている情報処理は、意識的・無意識的なものを含めて脳内システムの活動によって実現されているが、それらは、脳活動計測ツールを用いることによって生体信号として捉えることが可能である。脳活動計測ツールには実にさまざまな種類が存在する（図 3.3）。脳活動の直接的な指標である脳波（Electroencephalogram: EEG）や脳磁図（Magnetoencephalogram: MEG）、機能的磁気共鳴画像法（functional magnetic resonance imaging：fMRI）などもあれば、脳活動の間接的な指標として心電図や筋電図なども利用する。脳そのものを測らなくても、心臓がドキドキしていたり、体のどこかの筋肉に余計な力が入っていたりすることを測ることによって、この人の脳は今緊張状態にあるなといった推測ができる。ここでは、脳活動のより直接的な指標について説明していこう。

　脳波は、人間の脳の神経活動の電気的な信号を測るものである。その発見から 90 年近くが経っており多くの研究の蓄積がある。さらに、1980 年代には、PET（陽電子放射断層撮影法 Positron emission tomography）、1990 年代には、fMRI といった脳代謝、脳血流を測る新たな脳活動計測ツールが登場し、脳科学研究は一層の展開を見せている。**脳波や脳血流などの脳活動を計測することによって、本人が意識できるものだけでなく意識できない思考状態も可視化して検討することが可能な時代が到来しているのである。**

```
脳活動の直接的指標
  中枢神経系
    脳波（EEG）
    脳磁場（MEG）
    光トポグラフィ（NIRS）
    機能的磁気共鳴画像法（fMRI）
脳活動の間接的指標
  自律神経系
    心電図（ECG）
    皮膚伝導度反応（SCR）
  体性神経系
    筋電図（EMG）
    眼電図（EOG）
  免疫系
    唾液中免疫指標（コルチゾールなど）
```

図 3.3　脳活動を測る計測ツール

3 脳のいろいろな思考状態を可視化する

　ここでは、思考状態の可視化について、脳波と fMRI を例にあげて説明する。
　脳波は、脳のさまざまな領域における神経細胞群の電気活動を頭皮上にセンサをつけて記録したものである。覚醒の度合いや情報処理の水準によって計測される脳波波形が特徴的な周波数パタンを示す。たとえば、よく知られているところでは、リラックスした状態では 8Hz から 13Hz の周波数を持つアルファ波が計測される（脳波の名前には慣例的にギリシャ文字が割り当てられている）。また、計算をするなど複雑なことを考え出すと 13Hz 以上のベータ波が現れる。逆に、リラックスの度合いが過ぎ、うとうとしてくると、8Hz よりも

低い周波数のシータ波が増えてくる（**図3.4**）。脳波実験中に、実験参加者が眠くなったかどうかは、脳波を見ていればすぐにわかるのである。**脳波は、計測の時間精度が優れており、ミリ秒単位の測定が可能であるため、脳が時間軸に沿ってどのように活動しているかを細かく検討することができる**。あっという間に終わってしまうような直感的思考や、刻一刻と変化する心理現象などの検討に適している。また、脳波は大がかりな測定装置を必要としないため、測定が容易であることも長所といえる。本章末のコラム4で、脳波を用いて自分の脳をコントロールし、心身の状態を調整する方法である、ニューロフィードバックについて詳しく説明する。

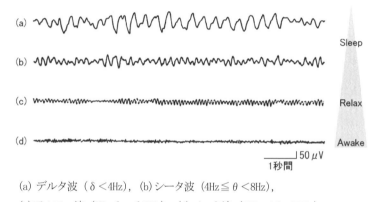

(a) デルタ波（$\delta < 4\mathrm{Hz}$），(b) シータ波（$4\mathrm{Hz} \leq \theta < 8\mathrm{Hz}$），
(c) アルファ波（$8\mathrm{Hz} \leq \alpha \leq 13\mathrm{Hz}$），(d) ベータ波（$13\mathrm{Hz} < \beta < 25\mathrm{Hz}$）

図3.4　脳波の計測（Cooper et al., 1980 を基に作図）

fMRIは、人が何らかの情報処理を行っているときの脳の神経活動に伴う局所的な脳血流量の変化を測定するものである。脳の神経が活動すると、対応する局所の脳血流量が大きく増加し、酸素が供給される。これによる血中の酸化ヘモグロビンと還元ヘモグロビンの割合の変化をMRI装置で測定しているのである。fMRIはミリメートル単位の高い空間分解能を持っており、脳のどこで活動が行われているかの詳細な位置情報を捉えることができる。

fMRIを用いた研究の一例を紹介しよう。スポーツカーや軽自動車など、い

ろいろな車の写真を見てもらい、どれくらい魅力的に感じたかを評価してもらうが、その最中の脳活動を MRI 装置で測った結果を図 3.5 に示す。実験参加者はすべて男性であったが、インタビューによると、多くの人がスポーツカーを魅力的だと評価したようである。その際、何らかの報酬を感じたときに活動する線条体という脳領域が活性化している。つまり、車という製品の魅力を評価するときには、私達の頭の中では食事や金銭的報酬が得られたときのような情報処理を行っているということである。このことは、アンケートやインタビューなどではわからないことである。

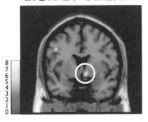

図 3.5 製品の魅力評価時の脳活動（Erk ら、2002）

ユーザが製品をどれくらい魅力的だと考えているかを、脳活動の度合いを見ることによって推し量ることもできそうである。**実際、脳活動計測による思考状態の可視化は、科学的な研究対象としてだけではなく、さまざまな企業によって産業応用に活かすことを目指した取り組みが行われている。**

4 創造的思考時の脳活動を測ってみると

筆者らは、オリジナルで価値あるものを生み出す創造的思考が、どのような脳内システムによって実現しているのかを fMRI を使って調べてみた。製品

第3章 創造的思考の科学的アプローチ

やサービスのコンセプト設計に関わる創造課題（「どんなに引っ張っても切れない糸ができました。どのような場面で使われるでしょうか？」「どんなに力を入れても、そうそう破れない紙ができました。どんな人が欲しがるでしょうか？」など）を複数問用意し、MRI装置の中で新たな価値を創案してもらったのである。思考には言葉を介する処理と言葉を介さない処理があることはすでに述べたが、言葉の記憶を利用する課題（「『あ』で始まる言葉をできるだけたくさんあげてください」など）と、視覚的なイメージの記憶を利用する課題（「いろいろな形のイスをできるだけたくさん思い浮かべてください」など）も併せて行い、創造課題を行っているときの脳活動と比較した。その結果、言語の記憶を利用する課題では、左前頭部の言葉を処理する脳領域の活動がみられ、視覚的なイメージの記憶を利用する課題では、後頭部の視覚的な処理を行う脳領域の活動がみられた。脳活動はしっかりと測れていることが確認できた。さて、本書で注目している創造課題であるが、**新たな価値の創案時には、側頭部や後頭部の過去の経験の記憶を思い出す領域や、視覚的なイメージを処理する領域などが活性化していた**（図3.6）。**創造的な思考には過去の記憶の想起や視覚的な非言語的イメージが重要な役割を果たしているようである**。閃きを生むために創造的思考が持つこのような情報処理の特徴をうまく活用したいところである。

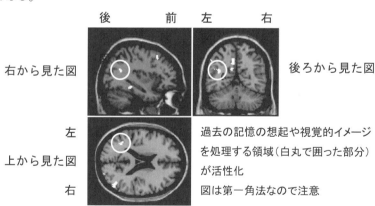

図3.6 創造的思考時の脳活動領域

5 創造性とはものを結びつける能力である

　筆者らの脳科学実験で、創造的思考には記憶の想起の脳内基盤が関わっていることがわかった。**創造的なアイデアは、いきなり天から降ってくるように何も無いところから生まれるわけではない。自分の記憶の中にある「知識」と「知識」をうまく結びつけて、オリジナルで価値あるアイデアが生まれるのである。**つまり、創造性とはものを結びつける能力であると言えよう。その際、記憶をどのように想起して、どのように結びつけるのかが重要になってくる。似たような知識を結びつけても新規性のあるアイデアにはならないし、突拍子もない知識の結びつけ方では必ずしも価値のあるアイデアになるとは限らない。

　私達の脳内では、意味的につながりのある情報（知識や概念）がネットワーク構造として記憶されている（図3.7）。たとえば、「消防車」という言葉を聞いたときには、消防車だけがイメージされるのではなく、ネットワーク上で結びついた情報も併せて連想される。たとえば、「火」、「赤」、「救急車」などのイメージが連想されるのである。場合によっては、「赤」という連想された情報を介して「夕焼け」「バラ」などのように、消防車とは直接結びつきにくいイメージが連想されることもあるかもしれない。**このような連想のことを、認知科学の用語では意味ネットワークの活性化拡散と呼ぶ。**

　高い創造性を発揮するためには、まず最初に何に注目するかが重要であろう。先ほどの例で言うと、「消防車」にあたるキッカケを見つけることである。世の中の動きに対する感度を高めて情報を収集し、何に問題意識を持つかが重要である。序章のコラム1で紹介したような創造的なアイデアを創成しイノベーションを起こした人達は、常日頃より世の中の情報にアンテナを張りつつ、モヤモヤした状態の中で、何らかの違和感を覚え、重要な最初のキッカケを見つけることに成功した人なのである。

　さて、キッカケを見つけて問題意識を持つだけでは創造的なアイデアは生み出せない。見つけたキッカケを基に、どれだけ幅広く記憶の意味ネットワーク

を活性化させ、一見して結びつかないような情報をいかに価値ある形で結びつけるかが重要になってくる。図 3.7 の例で言うと「消防車」というキッカケから、「道」「黄」「家」「花」「梨」「雲」などのイメージを発散的に連想し結びつけていくのである。最初のキッカケは複数あってもかまわない。

創造性の源泉は自分の記憶の中に眠っている。これらをうまく活性化させる方法はないものであろうか。

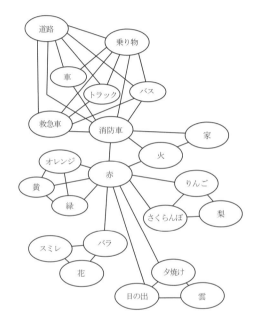

図 3.7 意味ネットワークの活性化拡散（Collins と Loftus、1975）

6 創造性の源泉をマインドワンダリングで活性化

エウレカ効果のところで述べたように、良いアイデアはふとした瞬間に思いがけず閃くことがある。これは古くからよく経験されたことのようである。北宋の政治家、文学者であった欧陽脩は、良いアイデアが生まれやすい状況とし

て、三上（馬上、枕上、厠上）をあげている（**図 3.8**）。それぞれ、乗り物に乗っているとき、寝入りっぱな（あるいは寝起き）、用を足しているときである。いずれも、よしなし事（とりとめもない事）を徒然なるままに考えているような状況である。馬上は、現代にたとえるなら、さしずめ電車に乗ってぼんやりしているときのような状態であろうか。

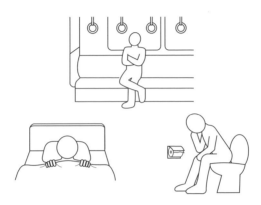

図 3.8 ひらめきの三上（乗り物の上、枕の上、厠の上）

このようにぼんやりとして心がさまよっているような状態は「マインドワンダリング（Mind Wandering: MW）」と呼ばれている。ぼんやりとしていることなど、私達の心の有り様の中ではさして重要でないようにも思えるが、このような状態も認知科学の研究対象になっている。マインドワンダリングは、私達が考えている以上に1日のうちでも頻繁に起こっている。ある研究によれば、起きている時間帯のうちおよそ半分の時間でマインドワンダリングが起こっているとのことである。大学の研究室で実験参加者に心理実験を行ってもらっている最中にも、実験課題が簡単であるほどマインドワンダリングが起こり、「今日の晩ご飯は何にしようか」などと課題と関係のない方向へと心がさまよい、実験結果に影響してしまう。課題に集中して取り組んでもらうため、マインドワンダリングが起こらないように課題の難易度を調整するのに苦労する。

マインドワンダリングは、集中が途切れ心がさまよっている状態であるから

といって悪い状態であるとは言い切れない。欧陽脩のいう三上でアイデアが閃きやすいことを考えると、このような心のさまよいからアイデアが生まれている可能性がある。

マインドワンダリングが起こっているときの脳活動をfMRIを用いて調べてみると、自分の記憶に関わる複数の脳領域が活性化していることがわかる。これらの脳領域はデフォルトモードネットワークと名づけられており、自分の記憶の中にあるさまざまな情報の処理をアイドリング状態のように働かせていると考えられる。**マインドワンダリングは、自分の記憶の中に眠っている創造性の源泉を活性化させ情報をうまく結びつけるための準備状態としてはうってつけの状態なのである。**

7 世界のエグゼクティブが瞑想にはまるわけ

近年、グーグルやフェイスブックなど名だたる企業で、創造性を高めるための取り組みとして瞑想（Meditation）が導入されているのをご存じだろうか。瞑想と一口で言っても、自分の呼吸を数えるだけの簡単なものから、ヨガのように身体の動きを伴いながら行うようなものまで、その方法は多岐にわたる。

アメリカの神経科学者であるハセカンプらの研究グループは、実験参加者に呼吸を数える瞑想を行ってもらい、その最中の脳活動をfMRIで計測している。実験参加者は、最初はMRI装置の中で呼吸を数えることに集中しているが、ふと気づくと呼吸を数えるのを忘れ、ぼんやりといろいろなことを考え出すようである。つまり、**呼吸を数えるという瞑想課題が簡単なことから、いつしかマインドワンダリングが生じているのである**。ハセカンプらは、呼吸を数える瞑想を行っている最中に、マインドワンダリングをしていることに気づいたら、また、呼吸を数え始めるように実験参加者に伝えた。すると、実験参加者は、呼吸を数えている集中状態、いつしか呼吸を数え忘れマインドワンダリングを始めている状態、自分がマインドワンダリングを行っていることに気づいた状態、気を取り直して呼吸を数えようとする切り替えの状態を繰り返して

いることがわかった。また、**呼吸を数えているときには、背外側前頭前野と呼ばれる脳の前の方にある集中して課題を行う際に活動する領域が活性化しており**、一方で、マインドワンダリングを行っているときには、前述のデフォルトモードネットワーク（自分の記憶に関わる複数の領域）が活性化するというような明確な脳の活性化の切り替わりが起こっていたのである（図3.9）。

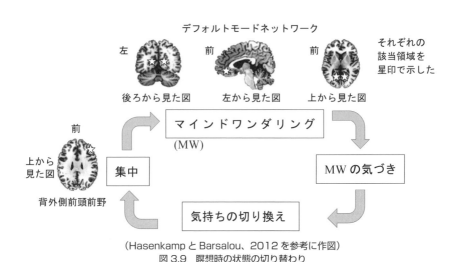

（HasenkampとBarsalou、2012を参考に作図）
図3.9　瞑想時の状態の切り替わり

　世界のエグゼクティブがこぞってはまっている禅やヨガなどの瞑想は、集中状態とマインドワンダリング状態の繰り返しを行い、それぞれの状態に対応する脳領域の活性化の切り替えの訓練になっているのかもしれない。高い創造性を発揮するための創造的思考は、集中した準備段階と、そこから離れた孵化段階の両方が必要である。瞑想をすることによって、準備段階と孵化段階に適したメリハリの利いた脳の切り換えができるようになると考えられる。孵化段階に適した状態としてマインドワンダリングが自然に生じるようになり、マインドワンダリングの脳内基盤であるデフォルトモードネットワークの活性化によって、創造性の源泉である記憶のネットワークの幅広い活性化に繋がるのである。

8 楽しんでマインドワンダリングをしよう

　重要なプレゼンで失敗したとき、または、部下へのアドバイスの仕方を間違えてぎくしゃくしたときなど、誰しも落ち込んで暗い気分になるものである。気持ちを切り換えて、ぱーっと明るくいきたいところであるが、そんなときに限って、以前しくじったときのことばかりが思い浮かぶ。このように、そのときの気分に影響を受けて、記憶の中の情報が選択的に思い出されることを気分一致効果という。**明るい気分のときにはポジティブな情報が連想され、暗い気分のときにはネガティブな情報が連想されるのである。**

　暗い気分のときにマインドワンダリングが起こるとどうなるだろう。ネガティブな気分の影響を受け、ぼんやりと心がさまよい思い浮かぶ内容がネガティブなものばかりになり、抑うつ状態や不安状態に陥ってしまう。高い創造性を発揮するためにマインドワンダリングを活用する場合には、このような状態は避けたいものである。一時的にネガティブな気分に陥ったとしても、速やかにポジティブな気分へと移行できるような逆境に対するレジリエンスを高めることが重要である。常にポジティブな心理状態を維持する方法論については、第5章の「経験基盤トレーニング」で詳細に解説する。

　先に述べた記憶の意味ネットワークの活性化拡散の広がり具合も、感情状態に影響を受けることがわかっている。うれしい、楽しいといったポジティブな感情状態のときには、人間は直感的な思考モードになり、記憶のネットワークも広く活性化し、さまざまなことを発散的に連想するようになる。一方で、不安だ、悲しいといったネガティブな感情状態のときには、慎重な分析的な思考モードになり、限られた情報を基に熟考を重ねるように記憶のネットワークも狭い範囲での活性化にとどまってしまう。

　楽しんでマインドワンダリングをしよう。常に楽しい気分で過ごすことにより、マインドワンダリングの心のさまよう内容もポジティブなものになり、発散的なイメージの連想が促されるのである。

コラム 4
自分の脳波をモニタリングして、脳をコントロールしよう

1 自分の脳の状態を簡単にモニタリングする

　自分の脳をコントロールする。そんなSFみたいなことができるのだろうか？　突拍子もないことのように聞こえるが、あなたの脳の状態を自分の目でモニタリングできるとすればどうだろう。たとえば、ゴルフのスイングについて考えてみよう。筆者は、自己流でやってきたせいか、スイングに変な癖がついたらしく、まっすぐに飛ばない。ゴルフの教則本を見たり、プロのスイングをネット動画で見たりして、ひたすら練習するのだが、どうもうまくいかない。あるとき、ネットで「自分のスイングを動画で撮って見てみよう」というアドバイスを見つけ、いろいろな角度から撮影してみてチェックしてみる。「あー、このときのこの右腕の動きが変だな」。どのタイミングで自分の動きがおかしいのかを一つひとつ確認しながら練習すると、嘘のようにまっすぐ飛ぶようになった。このように、自分の状態を見える形にしてモニタリングすると、うまくコントロールしながら学習していくことができる。ゴルフのスイングの例では、モニタリングによって自分の身体の動きをコントロールする方法を学んでいるが、同じように、**もし自分の脳の状態をビデオ撮影するように簡単にモニタリングすることができれば、自分の脳をコントロールすることを学習し、脳の機能をうまく使えるようになるはずである。**

　第3章で、脳波やfMRIなどを用いることによって人の思考状態を可視化できることを、いくつかの研究例をあげながら紹介した。人の脳を計測して、脳の機能を調べた科学的研究は膨大な数にのぼるが、それらの研究では、医療用・研究用脳波計を使って電気的・磁気的にシールドされた実

験室で計測したり、医療用 MRI 装置を使って専用の部屋で計測を行っている。計測環境も大がかりであり、計測するときのストレスも大きい。設備コストも大変なものである。医療・研究用の脳波計だとピンからキリまであるが、良いものだと数百万円のオーダである。また、MRI 装置ともなると数億円もかかってしまう。とても、自分の脳の状態を簡単にモニタリングするというわけにはいかない。

　近年、ワイヤレス、軽量、比較的安価な脳波計が開発され、販売されるようになった。ベンチャー発のものであれば、Neurosky 社の MindWave Mobile や Emotiv 社の Epoc+、Emotiv 社のものなどがよく知られている（**図3.10**）。これらのポータブル脳波計は、数万円から 10 数万円で入手できることから、脳波を計測して、その信号データを利用してドローンを飛ばしたり、家電を操作したりするブレイン・マシン・インタフェースの市場が活況を帯びている。

　MindWave Mobile は、ヘッドバンドのように頭にかぶり、1 つの脳波センサを額部分に当てて、脳波電位の基準にするセンサを耳たぶに取り付けるだけで前頭部の脳の活動を計測することができる。また、Epoc+ は、

頭についているのが Emotiv 社の脳波計。この写真ではパズル課題をしているが、そのときの自分の脳波をディスプレイでリアルタイムに観察できる。

図3.10　ポータブル脳波計

14チャンネルの脳波センサを持っており、複数の脳領域を計測することが可能である。この14チャンネルのセンサ配置は、脳波計測の国際基準(国際10-10システム)に準拠しており、左右の前頭部、側頭部、後頭部のどこがどのように活動しているのかがわかり、さまざまな脳の機能をモニタリングするのに適している。**脳活動表示用のパソコンとポータブル脳波計があれば、実験室でなくとも手軽に自分の脳波を計測してパソコンモニタでモニタリングできるのである。**

このような方法では、科学的研究のように、厳密にコントロールされた条件下で脳の計測を行うわけではないので、いくつかの工夫が必要である。

・科学的研究では電磁シールドルームで脳波計測を行うが、そうでない場合、電灯や電源などから発生する交流ノイズ(関東では50Hz、関西では60Hz)が脳波データに混入することがある。これはソフトウェアで周波数フィルタを適用することで対処できる。

・脳波は、頭皮に脳波センサを接触させて脳の電気信号を計測するものであるが、脳波センサには、第3章の図3.3で紹介したような脳波以外の生体信号のノイズが混入することがある。たとえば、しゃべることにより、こめかみに力が入ると、脳波に筋電位と呼ばれる筋肉が発する電位が混入する。また、眼が動くことにより、脳波に眼電位と呼ばれる電位が混入する(角膜側が正の電位、網膜側が負の電位を帯びており、瞬きをしたりキョロキョロしたりすることによって、特に眼に近い脳波センサに眼電位が混入する)。これらもフィルタリング機能を付けたソフトウェアで対処することが可能である。

2 ニューロフィードバックで自分の脳をコントロールする

自分の脳の状態を、ビデオ撮影するように、簡単にモニタリングできそうである。では、自分の脳をコントロールすることを学習し、脳の機能をうまく使えるようにするにはどうすればよいだろうか。

その方法の一つとして、バイオフィードバックという技法がある。バイオフィードバックとは、体温や心拍のように通常は意識にのぼらずコントロールが難しい身体の状態を、工学的な手段（センサなど）によって検出し、意識できる情報（光や音など）に変換してフィードバックすることによって、身体の状態を意識的にコントロールする技術のことである。脳の活動、筋肉の動き、心臓の動きなどの人の生体信号をセンシングして、それを画像や音などの視聴覚情報にして、目に見える、あるいは聞こえるようにしてフィードバックするのである。とりわけ**脳で計測した生体信号をフィードバックする技法は「ニューロフィードバック」と呼ばれ、基礎研究が進んでいるだけでなく、さまざまに応用されている**（図3.11）。

たとえば、うつ病や不安障害、自閉症などは脳の疾患であることが知られているが、その治療の一環として、欧米の国々ではニューロフィードバックが取り入れられている。それらの疾患では、特定の脳の機能が低下し、それに対応した生体信号（脳波など）が生じにくくなることがある。そこで、患者の脳波などをモニタリングし、望ましい信号が出たときに、モニタや

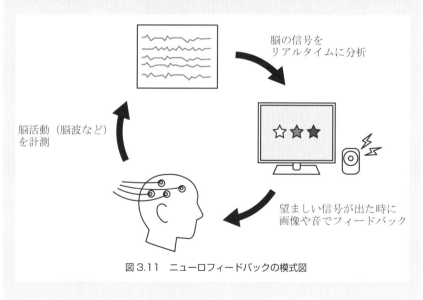

図3.11　ニューロフィードバックの模式図

スピーカからそのタイミングをフィードバックする。すると、脳は、その望ましい脳の状態を学習し脳機能の向上がみられるのである。それにより、対応する心理・身体的な症状も改善するといった仕組みである。

このニューロフィードバックの技法を使えば、疾患ではなくとも、望ましい脳の状態になるように脳をコントロールして、その機能をうまく使えるようになることが期待できる。

第3章で解説したが、創造性の源泉を活性化させることに適した脳領域である、デフォルトモードネットワークについて思い出してほしい。おさらいしてみよう。創造的なアイデアは、自分の記憶の中にある「知識」と「知識」をうまく結びつけて生まれる。つまり、創造性の源泉は自分の記憶の中に眠っていると言える。良いアイデアはしばしばふとした瞬間に思いがけず生まれることがあるが、このようなぼんやりして心がさまよっている「マインドワンダリング」状態の脳を計測してみると、デフォルトモードネットワークと呼ばれる、自分の記憶に関わる複数の脳領域の活性化がみられることが知られている。**マインドワンダリングは、創造性を高めるために良い状態であると考えられるが、その脳内基盤を見える化すると、ニューロフィードバックの技法により、良いアイデアを生み出すための脳機能そのものを高めることが可能だと考えられる。**

3 集中しているとき、瞑想しているときの脳活動をモニタリングする

著者らは、現在、高い創造的パフォーマンスを発揮するための基盤トレーニングの開発を行っている（第5章参照）。このトレーニングでは、一般的なロジカルな思考法とは異なる、情報の収集、飛躍、結合の方法を5つの基盤に分けて系統的に学ぶ。これらは、脳科学的な観点から見ると、脳内における情報処理を広く活性化させるようなトレーニングを行っているものと言える。トレーニングの一環として、自分の脳の状態をポータブル脳波計を使ってモニタリングするというカリキュラムも盛り込んでい

る。これにより、自分の脳内のデフォルトモードネットワークが活用できる状態であるかどうかが確認できる。さらに、ニューロフィードバックの技法により、脳内のデフォルトモードネットワークの活性化をうまくコントロールするような取り組みも行っている。

さて、世界のエグゼクティブが瞑想にはまっていることは第3章ですでに述べたが、よりよい創造的思考を導く集中状態と瞑想状態では、実際のところ脳内ではどのようなことが起こっているのだろうか？　どのようなところに着目してモニタリングやニューロフィードバックを行えばよいのだろうか？

著者らは、ポータブル脳波計を使って、集中をしているときと、瞑想しているときの脳活動を調べてみた。**計測対象者には、集中するためのタスクとして、かなり難易度の高いパズルに取り組んでもらった。また、自分の呼吸を数える瞑想も行ってもらい、集中時と瞑想時の脳波の比較を行った。**脳波計の時間精度の良さを活かして、刻一刻と変化する思考状態の脳内基盤を見える化（脳活動マッピング）したのが**図 3.12**である。

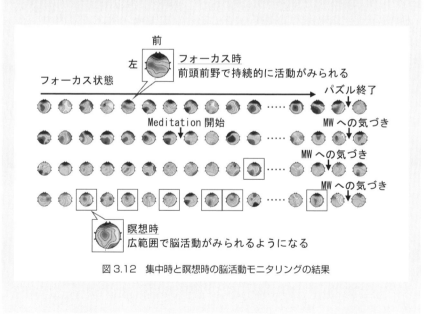

図 3.12　集中時と瞑想時の脳活動モニタリングの結果

集中して何かを行っているときには、一般に脳の前の方、前頭前野と呼ばれる領域が活動するが、**パズルタスクを行っているときにも、この前頭部分が持続して活動している**。一方で、瞑想を始めると、最初はしっかりと呼吸を数えることができるが、いつの間にかぼんやりと別のことを考え出すようになる。つまりマインドワンダリングが起こってくる。このときの脳の活動をみてみると、時間経過に伴って前頭部の持続的な活動は少なくなってくる。そして、**ときおり、広い範囲の脳領域の活性化がみられるようになる。これらはデフォルトモードネットワークに対応する脳領域と考えられる**。マインドワンダリングが起こっても、常にデフォルトモードネットワークが活動し続けるわけではないようである。

　ポータブル脳波計によって、自分の脳波を計測することによって、今、自分のデフォルトモードネットワークの活性の度合いがどれくらいで、基盤トレーニングやニューロフィードバックによって、どのように変化していくかをモニタリングしながら、創造性を高めるのに適した脳の使い方を学習していく。これが、閃きに至る方法論の一つである。

【引用文献】
- Wallas G. (1926) The art of thought. New York: Harcourt Brace.
- Evans, J. S. B. (2008). Dual-processing accounts of reasoning, judgment, and social cognition. Annual Review of Psychology, 59, 255-278.
- Cooper, R., Osselton, J. W., & Shaw, J. C. (1980). EEG Technology. 3rd. London: Butterworth.
- Erk, S., Spitzer, M., Wunderlich, A. P., Galley, L., & Walter, H. (2002). Cultural objects modulate reward circuitry. Neuroreport, 13 (18), 2499-2503.
- Collins, A. M., & Loftus, E. F. (1975). A spreading-activation theory of semantic processing. Psychological review, 82 (6), 407-428.
- Killingsworth, M. A., & Gilbert, D. T. (2010). A wandering mind is an unhappy mind. Science, 330 (6006), 932.
- Mason, M. F., Norton, M. I., Van Horn, J. D., Wegner, D. M., Grafton, S. T., & Macrae, C. N. (2007). Wandering minds: the default network and stimulus-independent thought. Science, 315 (5810), 393-395.
- Hasenkamp, W., & Barsalou, L. W. (2012). Effects of meditation experience on functional connectivity of distributed brain networks. Frontiers in Human Neuroscience, 6, 38.
- Schwarz, N. (1990). Feelings as information: informational and motivational functions of affective states. In Higgins, E. T., & Sorrentino. R. (Eds.), Handbook of motivation and cognition: Foundations of social behavior, Vol. 2. New York: Guilford Press.

第4章
物を描き、本を読み、人に会い、事を計り、旅に出て、運を占おう

創造的思考を目指すといっても、考えるべき対象を決めないことには思考は始まらない。この思考の起点は、設計者がわずかに感じるような違和感や感動の微弱信号であることが多い。しかし、これも毎日の日常状態を繰り返すだけでは、マンネリ化で脳が麻痺して感じることができない。微弱信号の検出感度を高めてキッカケを得るためには、仕事場から街に出て非日常的な経験を積むことが効果的である。

1 違和感や感動が思考の起点になる

　これまでに、イノベーションや創造を得るには、自分で考えた思想、つまり、仮説、自説、持論、思い付き、アイデア、意見、ヒラメキ、気づき、シナリオ、絵コンテ、視点、俳句など、文章にならなくてもいいから、また言葉でなくても絵や記号でもいいから、考えた内容をノートやメモ帳に記すことが有効である、と述べた。さらに、その考える状態は、脳の動きが低出力だがリラックスして思考が広がって展開していくような、マインドワンダリング状態が好ましいので、その状態に入るように自分で自分の脳を制御すべきである、と述べた。

　本章では、特にキチッとした思想、つまり、「小説、エッセイ、絵画、事業計画、学術論文、報告書などを書け」と言っているわけではない。もちろん、キチッとしたものを作るときは間違ってはいけないので、普通の人は余計なことを考えずに脳を作業に集中させる。しかし、この状態はマインドワンダリング状態の真逆である。そうではなく、リラックスしてよしなし事をダラダラと書くくらいで十分である。もっとも、リラックスしているといっても、寝てはいけない。薄目を開けて覚醒して、脳はあれこれ考えが浮かんでは消えるような状態が望ましい。

　しかし、**突然に「自説を考えよ」と言われても、人間はキッカケがないと思考が始まらない。そこで、本章では、キッカケを作るために、物を描き、本を読み、人に会い、事を計り、旅に出て、運を占ってみることを勧める。**そのような活動をしていれば、脳はどこかで違和感や感動をピッピッと拾って活性化し、必ず、思考のスイッチが入るはずである。もっとも、脳の感度があまりに低いときは、上記のようにピッピッと来ないのでどうしようもない。しかし、ここでも、脳をリラックスさせてマインドワンダリング状態に入るように、自分で自分の脳を制御すれば、何かしらのキッカケを見つけることができる。

2 キッカケを起点に思考を進めて、設計解候補を準備する

　図 4.1 に、上記の内容を絵で示す。本章で強調したいのは、上段の「キッカケの収集」である。机の前で本を読み、腕を組んで熟考しているようなポーズを取っていても、キッカケが無いと脳はスタートしない。このとき、出力は $100\% \times 0 = 0\%$ でゼロのままとなり、いつまで待っても正解は生まれてこない。

　図の中段、下段はすでに第 2 章で述べた自説形成時の脳の動きである。図の左下のように、顧客や上司、教員から要求機能を聞きだして、ここで何か気の利いた創造的設計解を提案したい、と思うときがイノベータやクリエータの輝くときである。このときに慌てて、中段左のように必要そうな知識を詰め込み、脳という計算機へ入力して計算結果を待っていても、脳は準備不足なので気の利いた答えを出力しない。**顧客に適した固有の設計解をその場で提案するには、そこで即興で考えるのではなく、その前に考えて準備しておいた正答候補を、「待ってました」と言いながら取り出すべきなのである**。つまり、下段右のように、予め自説の正答候補を形成し、脳の中に蓄積しておくのがよい。顧客とのミーティングでは、ここの"貯金"を使うのである。

　しかし、**キッカケ収集にも、自説形成にも、第 3 章で紹介したように、リラックスして脳をマインドワンダリング状態にすることが不可欠である**。一度、試しにリアルタイムで脳波を計ってみると、不思議なことに、後々でも「この調子だと波形はこんなものかなあ」と脳波を推定できようになる。それでも落ち着かなかったら、呼吸を数えてみるとよい。自然と気持ちが低出力の状態に落ち着いて、イライラした気分は消えてくる。

3 何も考えることがなかったら、とにかく外に出てみよう

　「**何も考えることがない**」**症候群は怖い**。著者のように 58 歳にもなると、"終わった人"になったときを想像するようになる。たとえば、午前中から BS で

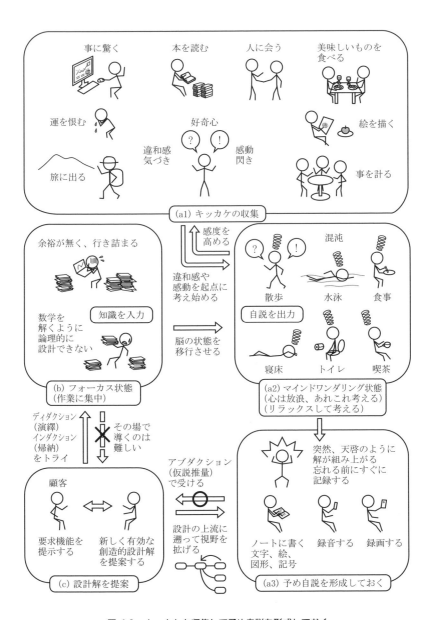

図4.1 キッカケを収集して予め自説を形成しておく

大リーグを見て、午後は昼寝、夕方から再びテレビ、という生活を想像する。すべては受け身になり、自分が監督になったらイチローをこんな使い方はしない、という自説すらしなくなるだろう。この生活が続くと思うだけでゾッとする。

逆に、仕事をしていると、仕事中はもちろん、その行き帰りにも刺激は入ってくる。だから、仕事は大切なのである。しかし、仕事をしていても刺激を感じない人がいる。それも若いうちからそうなっている人もいる。刺激を感じる能力に劣るのでなく、今までその能力を発揮する場面がなかったのでちょっと錆付いているだけであろう。錆を落とせば、また新品同様になれる。

筆者は、イライラしたときに研究室に行って、「何でもいいから面白い話を3つしてくれ」と学生に頼む。この方法は先輩の先生からの受け売りであるが、35歳も離れているジジイから問われると学生も困惑する。しかし、慣れてくると、結構、刺激的な話をしてくれる。たとえば、近くのレストランの新メニュー、話題の映画の女優、漫画のクライマックスの一コマ、実験で出た摩訶不思議なデータ、サークルの友達の失恋、隣の教授の動作の真似、などなど面白い話の範囲は広い。さすがに若者は感度が高い。要は好奇心の有無であろう。まずは小猿のように、好奇心を持って回りのものを触ってみるとよい。

筆者は2年前、中川聰先生からモレスキンのノートをもらって、それにデッサンをするようになった。これは観察してから、自分の好奇心を惹起させるのに効果的な方法であった。物を描くとき、「デッサンの能力がないから、ご免被る」と引く人も多いが、誰も他人のデッサンの美醜にまで気にしない。恥ずかしいことではない。そのうちにうまくなる。筆者は、特別養護老人ホームに住む父親を1カ月に1回は見舞っているが、息子も忘れるくらいのボケ状態なので、行ってもゼリーを食べさせた後はやることがなくなる、そこで図2.2 (j)に示したように、似顔絵を描くことにしたが、最初はこれが全然、似ていない。これまで父親の顔をしみじみ見ることがまったくなかったことに気づいた。しかし、この頃は顔かたちを覚えるようになり、自宅に帰ってから思い出して描いても似るようになってきた。まずは何でも描き始めることである。

4 ほかにも、キッカケを得る方法がある

物を描き、本を読み、人に会い、事を計り、旅に出て、運を占ってみよう。

　写真を撮るだけだと、風景は頭に残らない。しかし、デッサンすると何が美しいのか考えるようになる。先月、島根県安来市にある足立美術館に行ってきたが、世界一の日本庭園をデッサンしていたら、中央の石や借景の山、近いところの石、遠い所の芝、などの構図がわかり、設計者の意図もわかってきた。島根県の出雲大社では第2章の図2.2（g）のように、日本一のしめ縄は、どうやって捻るのだろうと、その下で考えてしまった。しかし、答えは簡単で、しめ縄は周りにコモを被せているだけで、捻ってあの形を作っているわけではなかった。

　近くにあるものを分解してみるのも面白い。図2.2（k）は、ソニーに就職したOBに頼んで、自分の設計したスマホを分解して、説明してもらったときの記録である。射出成形した外形枠の樹脂をレーザで描画・メッキして金属線のアンテナを作り込む、という製作方法（Laser Direct Structuring）に驚いた。

　また、本を読み、人に会うことが大事なのは、もう言うまでもない話である。ただし、その本のあらすじや、その人の経歴を調べて書いたりしても意味が無い。問題はその話から受ける自分の意見である。意見は反論、批評、共感、と言い換えてもよい。対談では、こちらが反論して相手が本気で怒るとしらけるが、怒らせない程度に吹っかけてみるのがよい。相手も反論し、こちらも再反論するうちに、自分の脳が活性化して自説は形成されてくる。

　事を計るというのは、夏祭りや合コンの設定から、事業計画や研究企画のようなプランニングまでを指す。つまり、物の設計でなく、事の設計である。本章の図4.1は、最初に図2.2（l）に示したように、チャイコフスキーの交響曲の4番を聞きながら描いたポンチ絵から始まった。物の設計だとエンジニアの出番であるが、普通の人は何かを設計するチャンスが非常に少ない。しかし、普通の人でも事の設計は、日常茶飯事的に経験する。たとえば、夏休みはどこ

に行く、週末は何して過ごす、今日の昼は何を食べる、程度のことを毎日考えている。この事の設計し始めるキッカケは何かを考えたのである。

　旅に出ることは、脳の刺激には最高の方法である。とにかく、外国は見るもの聞くものが自分の知らないことだらけなので、そこら中で違和感を持つ。加えて、文化が違って何が起こるかわからないので、ちょっと不安になることでますます違和感の感度を高める。人間は満足していると、それ以上は不要だから、感度が鈍ってくる。旅の中には、出張も含まれる。仕事の前にホテルの周りを30分間歩くだけでも脳は活性化する。

　最後の運を占うというのは、自分の勝負に負けたとき、または、自分の賭けていた他人が勝負に負けたときに、人は運の無さを恨んで、その原因を自分なりに考えるからである。未来を占うにしても、まずは過去の分析から始めるのは理系的である。筆者の中尾の場合、マージャンで自分が大勝したときの喜びよりも、大きい役に振り込んで自分がハコテンになったときの悔しさのほうが脳に残っている。**図4.2**は筆者の活動度の変化を、横軸を年齢にして示している。これまで、9年おきに不調期が表れていた。最後の不調期が54歳だったが、定年までの11年間に、"不死鳥"のように好調期を掴むか、そのまま"焼き鳥"となって定年まで鳴かず飛ばずのペースでいくか、今が面白い局面であることがわかった。

　学生にも自説を考えようと薦めているが、実は好奇心がないと自宅・大学・部活の往復だけで毎日が終わってしまう。上述したように、**感度を高めてキョロキョロと面白いことを意図的に探すことが大事である。**筆者らは大学院向けの「Practice of Machine Design」という講義で、「1週間後までに違和感を持ったものをスマホで撮影して、6枚提出せよ」という宿題を出している。ところが、留学生は6枚どころか20枚くらい簡単に撮ってくるが、日本人は6枚だって苦しいのである。理由は簡単である。留学生は今、「旅に出た」状況にあるので、祖国との違いを感じるだけで違和感になるのである。

　一方、日本人は毎日、変わらない生活なので、すっかり好奇心のアンテナが錆びてしまい、不感症になってしまっているのである。せめて錆落としくらい

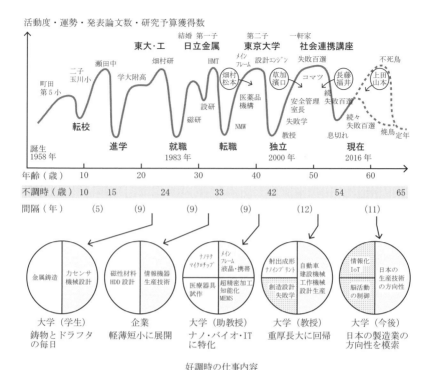

図4.2 筆者（中尾）の活動度の変化、仕事の変化

は必要である。

　さあ、街に出よう。面白いことを探すには、日常生活からちょっと離れて、何か別のことを試みることが大事である。もちろん、感度をちょっと高めれば、通勤通学中でも、道の脇の花や、猫、看板、店、他人の服、外車の形、などを見ても、自説のキッカケがつかめる。しかし、その感度が低いうちは、自分の知らない場所に行くことが、最も効果的である。通学路を1本、脇道に入るだけでも意味がある。何しろ、記憶していたのとは異なる世界が見えるので、そこら中に違和感を持つことができる。

第4章 物を描き、本を読み、人に会い、事を計り、旅に出て、運を占おう

5 違和感を捉えられない人は"まさか"の失敗を"想定外"と呼ぶ

　筆者は今年2016年に、『続々・失敗百選』（森北出版、2016年）という本を執筆した。東日本大震災のように、あまりに発生確率が低くて、過去に体験できず、知識も溜まっていないような失敗を、"まさか"の失敗と称して、それを分析した。これまでは、逆に発生確率が高く、再発防止の知識も溜まってい

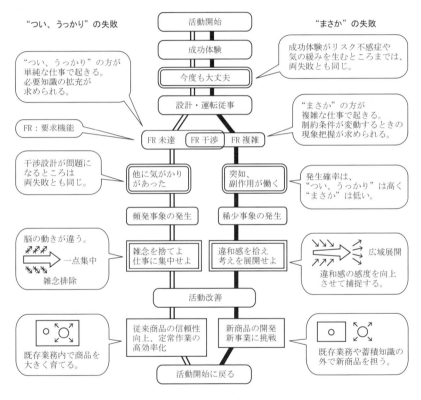

出典：『続々・失敗百選』中尾政之著、森北出版、2016

図4.3　"つい、うっかり"と"まさか"の失敗の類似性と相違性

る失敗を、"つい、うっかり"の失敗と称して、それをナレッジマネジメントで防ごうと唱えてきた。しかし、"まさか"はナレッジマネジメントではどうしようもない。過去の知識が存在しないのだから。でも、本質的なところ、何が両者で最も異なるのだろうか。

　図 2.2（a）に示したように、新幹線の中で車窓から富士山を見ながら、その違いを考えて絵を描いてみた。それが**図 4.3** である。図の真ん中に、樹形図のようなものが描かれているが、それは第 1 章の図 1.1 の脳の動きの絵と同じである。つまり、一点集中と広域展開との違いである。**"つい、うっかり"の失敗を防ぐには、雑念を捨てた一点集中が大事であるが、"まさか"にはその逆で、違和感を拾った広域展開が有効である。**

　本書は、受験勉強のように、一点集中で考えるのでなく、広域展開でよしなしごとを考えようという趣旨であるが、広域展開はこの図から始まった話である。第 3 章のコラム 4 に示したように、筆者の 1 人の上田は、一点集中と広域展開とでは、脳波の動きが違うのかを、測定して求めた。その結果、瞑想のマインドワンダリング状態というのは、雑念にあふれて漫然としていて態度としては好ましくないと言われていたが、実はイノベーションや創造をスタートするためには好都合である、という仮説が得られた。この仮説を立証するには、測定人数をさらに 100 人以上に増やし、実際にイノベーションや創造をも実現しないとならないが、自分達で試す限り、その仮説は正しそうである。

６ 短期間の講習会で自説形成に磨きをかけられないか

　それでも自説形成のキッカケが掴めない人には、第 5 章に示すような短期間の講習会が有効である。はじめは、日本総研の社内の講習会として設計したものだが、いずれの講義でも、知識を入力した後にそれを使った自説を出力してもらう。コラム 4 で紹介したが、必ず受講者全員に対して、脳波を計ってもらい、自分で脳をコントロールできるということを体験してもらう。

　講習会のうち、たとえば、情報の講義では、短い文章を読んでもらって、そ

れを元に小噺を作ってもらう。この小噺が出力である。第1章で述べたように、小学生以来、お馴染みの読書感想文は、作者が何を主張したいか、主人公が何を感じたか、を分析することを要求されるが、この講習会ではそのような読書感想文的な小噺は要らない。自分はこのように思ったという仮説の段階の話で十分である。たとえば、小説の続編や歴史のif notのシナリオを考えて自説として発表してもらう。

　また、感性の講義では、リンゴを観察してデッサンしてもらった後で、リンゴを食べる人をその性別、服装、背景、状況を想像して描いてもらう。自分で想像したものが仮説に当たる。立証せよとは言っていないが、人間の想像とは正確なものであり、その想像が結構、合っている。

　別の経験の講義では、図4.2のような人生の浮き沈みも書いてもらう。これから、自分の決断の強さ、精神的な弱さ、設定中の人生目標、トラウマとなった事件、などを自説として論じてもらう。価値観の講義でも、どれが真実であるかわからない設問に対して、自説を展開してもらう。たとえば、自動運転中、無理に右折する若者のバイクを避けようとして、歩道を歩行中の乳母車の母子をひきそうになったが、このときは若者と母子のどちらをひくようにプログラムを書くべきか、という設問である。最後に企画の講義では、コンサルタントの演習らしく、たとえば自分の冒険について、計画書を作成してもらう。この計画書は自説そのものである。

　コンサルタントは、知識収集は得意中の得意であり、インターネットとインタビューを駆使して、情報を入力して分析できる。しかし、この情報収集はビッグデータや人工知能が助けてくれる分野であり、コンサルタントでなくてもできる作業になった。**コンサルタントは分析結果に自分の意見を入れて自説を展開し、最後にそれを試行できる実行力も求められている。世の中が急変してきたのである。**

第5章

自説形成のキッカケを研修で掴もう

仮に街に出ても、容易に創造的思考の起点を掴めない人には、別個に、非日常的な場を設定して強制的にキッカケを掴ませるような研修が効果的である。筆者らは、脳波計を用いて自らマインドワンダリング状態に意図的に移行できることを確認しながら、感性、価値観、情報、手法、経験の5つの基盤で自説形成を試みた。仕事の過労や仕事以外の不安で精神が不安定にならない限り、受講者は3カ月の研修のあとで、自説形成の能力向上を自覚できるようになった。

1 非日常で掴む自説へのキッカケ

　第4章で記したように、「物を描き、本を読み、人に会い、事を計り、旅に出て、運を占う」ことは発想や自説形成のキッカケになる。筆者らは、自説を形成した人には、少なくとも2つの共通項がある、と考えている。**共通項は「非日常の環境下でキッカケを掴む感性があること」**と**「好奇心の持ち主であること」**である。

　旅に出ることは、非日常の環境に身を置く有効な手段の一つである。2010年に同名の小説を映画化した『食べて、祈って、恋をして（Eat Pray Love）』は、旅を経て新しい人生のキッカケを見つける女性を主人公目線で描いた作品で、特にキャリアや恋愛に悩みを持つ女性を中心に、カリスマ的な評価を得た。ただし、毎年、何千万人もの人が旅行をしているが、その結果、文学作品が世にあふれるということもない。つまり、普通の観光旅行だけでは、自説形成のキッカケがつかめる訳ではない。

　イノベーターの代表とされる故スティーブ・ジョブズ氏は、人生に迷ったときにインドを旅し、この旅がアップル立ち上げを始めとする、重要なビジネス創成に大きな影響を与えた。ジョブズ氏は後に、起業したばかりで事業が不安定だった頃のフェイスブックCEOのマーク・ザッカーバーグ氏に対しても、「自分の信じるミッションと再びつながるために、インドの寺に行け」とアドバイスした。ザッカーバーグ氏は、ジョブズ氏のアドバイス通りにインドを旅して、帰国後、フェイスブックを快進撃させたことは周知の通りである。

　インドを訪れて、大きな影響を受けた経営者やアーティストは多い。インドには、特に先進国出身の人達の心を揺さぶる「何か」があるようだ。以前に筆者が所属していた外資系メーカーにも、インドに魅せられる人が少なからずいた。彼らにその理由を問うと、「ガンガー（ガンジス川）の光景」という答えが返ってくることが多い。川岸にはヒンドゥ教の火葬場が点在し、しばしば火葬された遺体が流れてくる一方で、その水を生活の糧とし、沐浴をする人の姿

も絶えない。何千年もの間、変わることなく、生と死が人々の生活と一体となって、時が流れていく様が、先進国の人達には「超・非日常」的な環境と映り、生死感を揺さぶるようである。

　普通はそこまで強烈な非日常的な環境に出会うことは滅多にない。しかし、旅先での出会いや経験が、脳裏に一定の新鮮さを刻み込むことは確かである。新しい事業を立ち上げるための議論の最中でも、旅先の経験を披露し合うことがある。たとえば、新興国の広大な工業団地の風景、米国の最先端の研究所でのフリーディスカッション、夜市のローカルフードの味、などなど話題は尽きない。皆、好奇心を持ってそこに近付くのである。また、人との出会いが深く記憶に刻み込まれることもある。最近では、一代で世界最大級の工業団地を立ち上げて、新たな都市づくりを目指す、タイの事業家に会って、そのビジョンや人を惹きつける力に、筆者の劉は大いに感銘を受けた。

　こうした旅先での出会いを共有し、お互いに「いいね」「もっと」を重ねていくことで、グループ内でアイデアが生まれることもある。本章の後半で紹介する研修プログラムには、こうした経験から得られたアイデアが取り込まれている。それだけ、旅先で出会う非日常は、発想や自説形成に適した契機となり得る。序章のコラム１で紹介したように、日本総研での経験が自説形成につながった人達も、海外での経験や出会いをキッカケに飛躍した。たとえば、Ａ氏はアメリカでのベンチャー経営者との出会いが、Ｃ氏はアメリカでの新技術を持つ企業との協業経験が、のちの創業への着火剤となった。Ｂ氏はロンドンでの勤務経験がＮＰＯ日本代表へのキャリアチェンジへとつながり、Ｄ氏も海外で出会った新しい農業ビジネスに触発され、論壇での活躍につながった。

2 第一歩は日常の中の非日常の発見

　通勤電車に揺られ、朝から夜までほぼ定型な業務に従事し、疲労感と若干の充実感のある一日を終え、家族と談笑と冷えた一杯のビールで締める、という日常の一幕を、筆者は否定する気はさらさらない。しかし、**定型的な日常生活**

を機械的に繰り返すだけでは、**自説形成のキッカケに巡り合う機会がほとんどない**。

　社員や職員に海外経験を積んでもらうために、海外留学制度やサバティカル制度を採用し始めた企業もあるが、それでも一部の優良企業のみに留まっている。また、こうした非日常的な環境を提供できる社員の数も限られている。何とか日常的な環境の中で、旅先の非日常的な経験と同じような、自説形成のキッカケを得ることはできないものだろうか。

　本文では自説形成には、物体や事象を深く観察すること、思い付いたイメージをノートに描くこと、モヤモヤしたプロセスを経験すること、などが有効であると述べてきた。これらを日常の中にうまく取り組むことができれば、非日常的な環境に身を置くのと同じように、脳の動きを導くことができる。もちろん、ジョブズ氏のインド旅行ほど非日常的ではないが、脳の感度を上げることで、誰もが小さな非日常的な環境にするだけで、反応を同じくらい高めることができる。たとえば、出張で冬の朝早く出かけたとき、玄関先でカマキリが静止し、軒先から太陽が差し込み、息が白く見えることに気付くと、一日中、得した気分になる。新しい気づきが増え、日常の生活空間があたかも旅先のように色づき始め、最後は四季の移ろいから人生を見直すようになる。または、舞い散る桜の花びらに詩の一節を思い浮かべ、絵的に見えた夕陽を写真に撮るようになると、国際版や地方ニュースのコラム記事から経済紙の一面記事との関連性が見えてくる。脳が活性化して、いくつかの記憶がつながると、面白いストーリーが生まれてくるから。

　筆者は、これこそが新しい事業への発想や自説形成の入り口だと考える。**ビジネスパーソンならば、最新のニュースに反応して底流にあるトレンドを探り、独自の仮説を生み出すべきである**。2016年は、英国のEU離脱や、米国大統領選でのトランプ氏の勝利が、自由主義と民主主義の再評価の起点になる、と言われている。毎日の情報がこうした大きな底流と結びつくと、1990年の冷戦終結以来の大きな変革のストーリーが脳の中で醸成されていく。

　次節からは、発想のための基礎的機能とは何か、を考えてみよう。

3 自説形成のプロセスと機能分解

コラム1を改めて読んでもらえば、チャレンジャーが事業立ち上げる際に、いかにして自説を形成し、実行に着手したかが時系列でわかるはずである。筆者らは、この中の一部の人、または他業界でフロンティアを走っている人、合わせて数名に、新たな事業の立ち上げや新たな製品の開発の道のりについてインタビューした。そこで聴取された共通の道のりを機能ごとに分解し、並べ直したプロセスが**図 5.1** である。独自の構想を抱き、それを実現させた人達は、図の左端の中段に示すように、人生の過程で「自分は何をすべきか」という強いミッション意識や、「このままではだめだ！」という現状に対する危機感、「この方向では失敗するかも」という問題意識などを、もともと持っていた。そのうえで、事業のヒントとして、図の下段の社会的なニーズと、それを解決する図の上段のシーズ（実現方法、手段、技術、ノウハウ、設計解など）との情報を常に収集していた。**筆者らはこうした自説が形成される前段の過程を、パズルのピースを探す行為になぞらえて、Hunting pieces と定義した。**これらの情報がある程度蓄積された段階で、ニーズとシーズとが結びつき、「問題解決

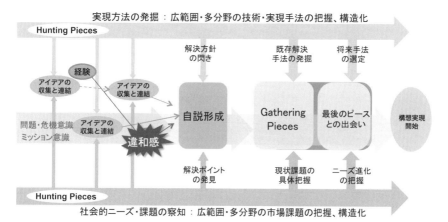

図 5.1 筆者らの調査研究から提示された自説実現プロセス

にはこうすればよい！」という自説が形成される。図5.1をもう一度見てみると、上段の左から右への流れがシーズである実現方法の発掘であり、下段の流れがニーズである社会的ニーズ、課題の察知である。またその間の中段の流れが自説形成であるが、上段と下段から必要なピースを持ってきて、違和感をキッカケに中段中央の自説を提案する。

中段の後半に事業構造へと進化する自説を示すが、**下段の社会的ニーズと上段の解決手段の双方から、粒度を上げて情報というピースを探して自説をブラッシュアップし、まるでジグソーパズルでピースを一枚一枚嵌めていくように最終形態を模索する（Gathering pieces）**。そして、ラストピースが嵌まった瞬間に、自説は事業へと昇華していくのである。なお、Hunting piecesとGathering piecesには明確な違いがある。自説形成前で、ピース間の関係性をほぼ気にしていない無意識的な情報収集がHunting piecesであり、これに対して自説形成後に、事業実現に向けて意識的に進める情報収集がGathering piecesである。

コラム1のA氏に注目して、自説形成から事業実現へのプロセスを図5.2に示した。A氏は大手企業でもの足りない思いをしていたが、気分一新してシンクタンクに転職した。シンクタンクでも必ずしも思ったとおりの活動ができていなかった。そんな悶々とした状況の中でも、持ち続けたミッション意識は

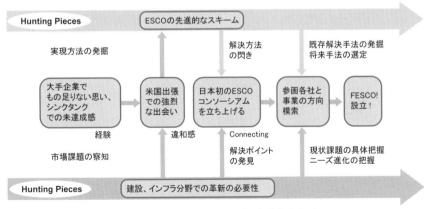

図5.2　コラム1で紹介したA氏の自説実現プロセス

かつてアメリカに留学したときに芽生えた「新しい技術で社会的課題に取り組みたい」ことであった。シンクタンクの業務にあたりつつも、建設、インフラ分野での革新の切り口を探し続け、「省エネ」というニーズに出会う。一方で米国出張で解決手段としての事業スキーム「ESCO（省エネルギー支援サービス）」に出会った。ここから社会的ニーズと解決手段とが少しずつ結びつきはじめた。**米国出張でベンチャー企業の社長と出会い、それがキッカケとなり、「日本初の ESCO 事業立ち上げ」という自説ができあがった**。それ以降、A 氏は自説実現に向けて行動を開始し、日本総研でのコンソーシアム活動を経て、最終的には日本初の ESCO 事業専業の会社である、株式会社ファーストエスコを立ち上げた。

4 スティーブ・ジョブズの自説形成プロセス

図 5.1 のプロセスは、自説形成プロセスとしてどのような対象に対しても共通的で一般的である。ここで、**スティーブ・ジョブズ氏が 2005 年に米スタンフォード大学の卒業式で行ったスピーチをもとに、iPod の事例を同様に分析してみよう**。

「ステイ・ハングリー、ステイ・フーリッシュ（Stay hungry, stay foolish）」で締められた名スピーチは、多くの方が一度は見聞きしたことがあるだろう。このスピーチの中身をみると、新たな事業を立ち上げるために、以下の 3 要素を主張していることがわかる。

　①「点と点をつなげる（Connecting the dots）」
　②「愛と敗北（Love and loss）」
　③「死（Death）」

このうち、②の「愛と敗北」と③の「死」は、表題だけを読むと、精神論的な印象を持つかも知れない。ジョブズ氏ががんの闘病を経て、自身の人生観をそこに凝縮した面が、少なからずあることは否めない。しかし、「愛と敗北」には「自分が素晴らしいと思う仕事を追求すべき」、「死」には「自分の直感に

従って後悔のない決断をすること」というメッセージが込められている。

本章のこれまでの議論に則って着眼すべきことは、3要素のうちの1番目の「点と点をつなげる（Connecting the dots）」である。稀代のイノベーターであるジョブズ氏が、「イノベーションとは、ゼロから1ではなく、0.1、あるいはもっと小さい単位で積み上げることだ」と言っている。その積み上げがConnecting the dots である。ジョブズ氏はアップルを確固たるポジションに引き上げたが、その決め手のソリューションであるiPodの誕生プロセスも、そうした氏の主張に裏付けられている。

先述の図に示した通り、筆者は構想の形成から実現までのプロセスを、パズルのピースを集める行為になぞらえ、Hunting/Gathering pieces と表現した。新しい事業を実現するときに、こつこつとピースを嵌めこんで、ビッグピクチャーを現して飾ることをイメージした。ピースは、事業の需要側である社会的ニーズと、それを解決する技術シーズであり、両方から事業に必要なものを収集して嵌めてみる。

図 5.3 に、iPod の完成に至るまでの、ジョブズ氏の Hunting/Gathering pieces を示す。**Gathering pieces において、iPod を完成に至らしめた最後の1枚のピースは、図の右端の中段に示した、東芝の開発した1.8インチハード**

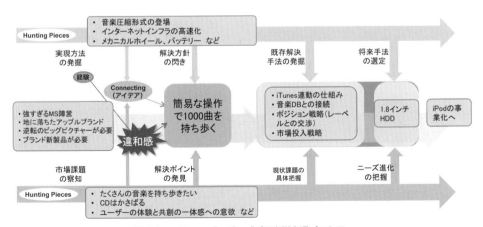

図 5.3　スティーブ・ジョブズの自説実現プロセス

ディスクドライブ（HDD）にほかならない。本節ではここに注目して分析しよう。当時は、MP3 が浸透しつつあり、Napster のようなオンライン音楽サービスが隆盛期を迎えていた時期であった。しかし、フラッシュメモリの容量が 64 〜 128MB 程度なので、せいぜい 10 〜 20 曲しか持ち運べなかった。これは、ソニーの大賀典雄らが作った、MD ウォークマンすら超えられないくらいの少量レベルだ。大量の音楽を持ち歩き楽しむには、決定的な突破口が必要だった。

　一方、ジョブズ氏は iMac をヒットさせて、地に落ちていたアップルブランドを救済させた頃だった。しかし、依然として、Windows 陣営と正面から戦うには体力がなかった。もっともジョブズ氏は、正面から Windows 陣営と戦うよりも、さらに大きいピクチャーを描いていたようだ。つまり、モバイル端末型のパーソナルコンピュータそのものを売るより、モバイル端末の「使われ方」を売ろうと画策していたのである。その第一弾が、MP3 の普及と Napster ブームを背景にした、音楽であった。

　ジョブズ氏は、「もっと多くの音楽を持ち歩きたい」「CD はかさばる」「ポケットサイズが良い」「簡単な UI/UX が欲しい」「ユーザーとの体験・共創を一体化したい」「無料のオンライン音楽共有ソフトには強い社会的批判がある」、という社会ニーズのピースを拾いつつ、それらを受け止めるための「MP3、P3 VBR、WAV、AIFF などの音楽圧縮形式」「高速インターネットインフラ」「オンライン配信ソフトウエア（iTunes）」「メカニカルホイール」「長時間再生に耐え得る新しいバッテリー」という技術的ピースを収集し続けた。**図の左の Hunting pieces によって、これらのピースがある程度集まった段階で、ジョブズ氏の中で「簡易な操作で 1000 曲を持ち歩く」というコンセプトが醸成され、その実現に向けて図の右の Gathering pieces が加速したと推測される。**

　そして、目的実現に向けた最後のピースとなったのが、1000 曲を保存でき、かつ持ち運べる小型の記録メディアだった。ジョブズ氏がこの技術を待ちわびていたことは、すでに多くのメディアが報じている。iPod の発表会において、多くの時間を「HDD ドライブ」「5GB」「1000 曲」に割り当てたことがそれを物語っている。

ちなみに、サプライヤーの東芝は、それまでに幾重もの技術的突破を果たして1.8インチのHDDを完成させておきながら、適合した利用方法を見いだせず、明確な目的もなく営業活動を続けていた。ちょうど、このときにジョブズ氏と新たに出会ったのである。日本の製造業の問題を露呈する逸話でもある。さらに別例を示すと、自前の音楽レーベルを持ち、オンライン配信にも取り組み、デバイスも自前で開発販売していた、「先駆者」のソニーが、音楽ビジネスの後発者であるアップルにあっさりと追い越され、バッテリーのサプライヤーとレーベルの提携先に甘んじたことも同様だ。**日本のメーカーは製造技術などのHow to makeは得意でも、上流のWhat to doやWhat to designの機能を欠いているため、音楽業界だけでなく、多くの産業分野においても上流から市場の支配権をとれない状況が続いている。**

　アップルの快進撃から何を学ぶべきか、は多くの教科書で書かれているが、日本企業がその学びを体現できているかはいまだに疑問である。これについてはコラム5と6を参照されたいが、本章は自説形成の機能に関する説明に戻る。

5　5つの基盤能力を自己認識し、呼び起こす手段

　これまでに説明した図5.1〜5.3のプロセスをさらに抽象的にモデル化すると、5つの機能要素を抽出できる（**図5.4**）。**筆者らは、この5つの機能を新たな事業を立ち上げるための「基盤」と定義した。5つの基盤の最上流に位置する機能が「感性基盤」である。**いわば、外部情報（もしくは事象）に対して「ピンとくる」機能である。ここでいう「ピンとくる」とは、ある情報に接したときに感じる違和感、面白さ、驚き、怒り、などの感情である。一度、「ピンときた」情報は、収集した人の中で深堀りされ、じっくりと吟味される。**この情報評価時に活きるのが、各個人に醸成された評価軸の「価値観基盤」である。**

　価値観はその人の倫理観、ビジネス感覚、理論、哲学、生死観、審美観などで構成され、対象となる事象を包括的に評価する。価値観の評価のふるいにかかり、「自説」である事業の構想が形成されるのだが、その前後で恒常的に機

能するのが「情報基盤」である。

「情報基盤」は構想形成の前段では、無意識下でHunting piecesの機能を果たす。構想が形成されて、加速度的に周辺の情報を収集する後段では、Gathering piecesの機能へと移行する。構想の終着点は、たとえばiPodの「1.8インチHHD」のように、最後のピースが情報基盤から加わったときである。

構想を実現させるには、それを他者（同僚、上司、投資家、ステークホルダー、社会）に訴え、納得して協力を引き出す「手法基盤」が求められる。「手法基盤」

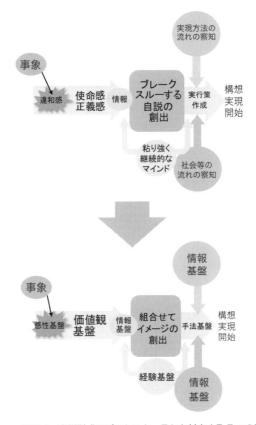

図5.4　自説形成のプロセスと、それを対応する5つの基盤

にはいろいろな種類がある。職人のような技術を持つ人はモノで表現するだろうし、営業に自信がある人はビジネスモデルで説得力を高めるだろう。筆者らは、事業の立ち上げ時には誰でも必要になる企画力に注目し、それを鍛えるトレーニングを提供する。ここで言う企画力とは、単なるプレゼンテクニックに留まらず、いかにして相手に「共感してもらい」「新規性（価値）を感じてもらい」「納得してもらい」、最終的に「協力をしてもらう」までをカバーしている。

　構想実現には、一歩を踏み出す意志の力が必要である。また、この構想と実現は、、文字通り、多産多死のプロセスであり、このときに大小の挫折を経験する。しかし、**それでもこのプロセスを粘り強く取り組まねばならないが、その原動力が各個人の経験による知識を活用する「経験基盤」である**。「経験基盤」には、過去の知見を引き出して活用する一面もあるが、ここで強調したいのは、挫折に負けずに、構想の仮説立証やトライアンドエラーを粘り強く繰り返すという一面である。これはレジリエンス（resilience、弾力、復元力）と表現されることも多いが、この機能は、必ずしも経年の年の功によって形成されるものではなく、習慣的な取り組みによって理論的に身につけられるものである。

6 5つの基盤能力を研修で体験し、修行の疑似体験をしよう

　5つの基盤とその機能を説明したが、実際にどのようなプロセスで5つの基盤を習得できるだろうか。第4章の「物を描き、本を読み、人に会い、事を計り、旅に出て、運を占おう」というキッカケの収集は、自説を持つに至るまでのプロセスの一要素に過ぎず、それ単体では自説形成に達することは難しい。つまり、感性基盤の能力でキッカケを収集してから、最後に自説形成を達成するまでの一連のプロセスを身につけるべきである。一流の料理人は、思いつきのアイデアだけでなく、優れた基礎的な調理技術のうえに、新しい調理法や食材に対する飽くなき探求心を重ね合わせて、これまでにないメニューを創り出す。料理界にとどまらず、あらゆる分野の専門家に通じるような、創造の構造である。

5つの基盤に関しても、トレーニングによって機能を認識し、そのプロセスを体得していくことが可能である。世の中には「構想力のためのトレーニング法」があふれているが、効果を実感できないものが多い。なぜならば、座学中心で自分自身が機能の形成プロセスに関わらないためトレーニングが習慣化せず、さらに専門的なトレーナーの介在が不十分でその形成プロセスの実現へと受講生を導けないからである。

　新たな事業を立ち上げるための能力の体得についても、同様に習慣化を促すプログラムとトレーナーの伴走が必要である。 冒頭で述べた通り、**日常業務から切り離された、研修という非日常空間がプラスアルファ効果を持つことも期待される。**

　5つの基盤は独立に修得できるだけでなく、それらは相互に有機的につながっている。このため、受講生が5つのトレーニングを受ければ自然と一連の創造プロセスをも体系的に修得できてしまう。

7 キッカケを掴む「基盤のトレーニング」

　第4章では、新しいものを創ることを一歩を踏み出すキッカケの重要性を述べた。しかし、これだけでは非日常なものに出会うという偶然性に期待し過ぎているし、感度の低い人にはそもそも何をやっても無駄である。ビジネスパーソンは毎朝、新聞や本を読んでいるし、仕事を通じて毎年、名刺の数だけ新しい人に出会うはずだから、マンネリ化の心配はないはずである。ところが、なかなかキッカケが掴めない。海外出張に出かけても、寸暇があればコンピュータをたたいている。街を見ないから、何も感じない。

　つまり、旅に出ても感度が低ければ、一歩を踏み出すキッカケにつながる確率もかなり低い。キッカケを得るために、もっと効果的な方法はないだろうか。そこで考えられるのが、一歩を踏み出すまでのメカニズムを、効果的なトレーニング方法として昇華させることである。そこで、筆者らは新しいものを創るときの5つの機能を基にしたトレーニング方法を考えた。**そこでは、5つの機**

能を、感性基盤、情報基盤、価値観基盤、経験基盤、手法基盤に分けて、各基盤ごとに強制的に自説を形成してもらう。新しいことを考え、行動に移すという行為は脳の創造力を生む部位を活性化させるが、それだけでなく、その部位を脳波計で観察し、自分で脳をコントロールすることも試みる。

具体的に、5つの基盤のトレーニングでは、まず、基盤ごとに基本的な知識をインプットし、次に、その知識を使って基盤の要求機能を実践するワーキングを行い、最後にそこで創成した自らの思想や作品をアウトプットし、それらに関して意見を交わす、というサイクルを複数回繰り返す。

世の中には、「イノベーティブになるための手法研修」と称するものが数多く存在する。過去の成功者やアイデアマンの特徴的な行動を真似る「模倣型」、個性の異なる人と協働して、イノベーティブな思考を生み出す手法を分析する「理論型」、単に座学でイノベーティブな人の話を聞く「講話型」、などがある。

しかし、こうした研修は、野球で言えば、科学的分析に基づいたパーツごとの筋トレを行わずに、練習試合だけでうまくなろうとしているのと同じである。スポーツの世界では、各動作に使う筋肉や関節の動きを分析し、必要にして十分な刺激を与え、あるいは心肺機能を分析し、心肺の負荷を計測しながら瞬発力や持久力を養うことが常識になっている。そのための有酸素または無酸素のトレーニング、瞬発的または持久的な筋力のトレーニング、筋肉や関節の動きを滑らかにするトレーニング、などが生み出されている。

これに対して、上述したイノベーティブ研修は余りに経験的であり、丁稚奉公的で体験的なトレーニングや、まずは成果を信じて始める神秘的トレーニングの域を出ていないものが少なくない。イノベーションの発生メカニズムがわからずにトレーニングを受けることは、捕球基本動作ができていないのに、いきなり"千本ノック"を受けるようなものである。筆者らが考案したトレーニングのコンセプトは、上述したスポーツの科学的トレーニングの考え方に通じる。つまり、**新しいことへ一歩を踏み出すときに必要な"脳の素養"を抽出し、次にそれを個々にステップごとに鍛えるトレーニングを行い、一方で脳の状態を計測し、融和的で良好なトレーニング状態を確認する、というコンセプトで**

第 5 章　自説形成のキッカケを研修で掴もう

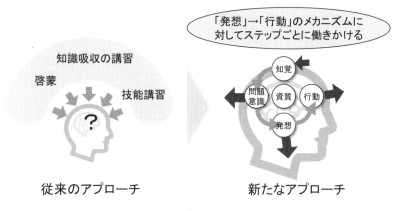

図 5.5　脳の素養を鍛えるトレーニング方法

ある（図 5.5）。自分の脳の動きを意識して思考方法を直していくことは、ビデオを見ながら自分の投球フォームを修正していくのに似ている。以下に、各基盤のトレーニング内容を紹介しよう。

（1）感性基盤トレーニング

「**感性基盤**」では、世の中の動きを察知するアンテナを想定して、その検出感度を高くするためのトレーニングを行う。「感性」というと、芸術的なセンスが必要と考えられがちであるが、感性を獲得するために最も重要な能力は観察力である。

観察力を身につけるまでには、いくつかのステップがある。**1番目のステップは、既成概念を取り外して、「いかにありのままに見る」ことができるようになるかである**。人の視覚は、見たままの情報を脳に伝えるのではなく、脳の中で処理し、画像の特徴を抽出し、記憶のイメージと照合して、目の前にあるものが何かを認識するようにできている。つまり、その普通の人の視覚情報処理方法に従って見てしまうと、見たものの特徴を抽出する段階において、任意に多くの情報が切り捨てられ、記憶中の思い込みや過去のイメージと組み合わされてしまうのである。このようなデフォルメを意識して、それが過度に出な

いように脳内の働きを制御しないと「ありのままに見る」ことはできない。

　2番目のステップは、意識して拾い上げた情報をきちんと認識することである。無意識に捨てていた情報を再認識できれば、「気づき」につながる。たとえば、りんごを見るとき、多くの人は赤くて丸い形をしていると認識する。しかし、よく見ると、表面にはうっすらと白い斑点があり、形状も必ずしも丸くない。赤くて丸いりんごは、既成概念の中で創り上げられたリンゴのイメージに過ぎない。既成概念を乗り越え、白い斑点を認識すると、それが気孔であることに気づき、リンゴが植物の実として木に生っている姿をイメージできるようになる。

　認識できる情報が増えると、次にほかの類似例と結びつけるという脳の得意技が自然に起こり、それまでになかった発想力の源泉が生まれる。こうした新たな情報の認識は、初めは注意深く観察しないと達成できない。しかし、一定のトレーニングで注意深い観察を何度も繰り返すと、その後は無意識に認識を達成できるようになる。

　3番目のステップは、認識した情報と過去に記憶した情報を意識して比較することである。3つのステップは意識する対象が異なるのであるが、それは自分の観察対象、自分の認識対象、自分の比較対象と内から外へと変化する。新たに得た情報を過去に得た情報と比較して両者の違いを認識できれば、細部の観察が進むようになる。この観察は、過去の類似の記憶との比較だけでなく、性格の異なる複数の記憶との比較でも可能である。たとえば、りんごの表面の白い斑点を、みかんの気孔と比べるだけでなく、果物から離れて、パンの表面のカビや、鉄板の表面のサビと比べてみるとよい。細部への観察が深まれば、気づきの領域は一層拡大される。一定のトレーニングを積めば、こうした気づきの拡大も無意識に達成できるようになる。

　芸術系の大学で行われているデッサンは、こうしたありのままに見ることによる認識の拡大も目的の一つとしている。デッサンでは、目の前にあることを細かく捉え、手を動かして描き、描いたものを見ることで認識を深める、というフィードバックを働かせる。このようにすれば、既存のイメージに捕らわれ

ないで、認識を深めることができる。一度、ありのままに見て認識を拡大するループができあがると、目の前のものから新たな視点を見出す頻度が高まり、気づきの機会が増える。これが上述した2番目の認識ステップである。

このように認識が深堀され、気づきの機会が増えると、3つ目の比較ステップによって新たな疑問や仮説が生まれるようになる。こうした脳の構造は、デッサンだけでなく工作、音楽、事業の構想にも応用できる。

デッサンでは、観察・認識・比較の3つのステップを経て、観察と仮説生成が拡大していく。「感性基盤」のトレーニングのイメージを図5.6 に示す。8の字を描くようなループが習慣化し、無意識に回りだすようになれば、感性の基盤が自律的に成長する。

図5.6のプロセスを説明しよう。まず、左端の「観察」を行う。この際、通常より意識的に対象物の細部を見ることが重要である。漫然と見ていると見落としてしまうことにいくつも気づくはずである。次に、そこで得られた気づきを描画してみることで、左端の観察から、中央の「描画」に到達する。描画した絵と実物を比較すると、描いたものとの差がわかる。つまり、観察・認識・比較のステップを繰り返すと、描画しては観察するという左側のループが形成される。

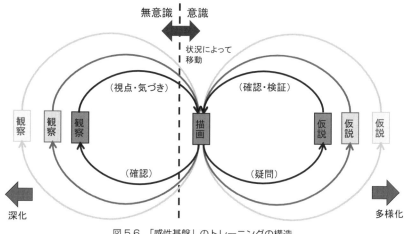

図5.6 「感性基盤」のトレーニングの構造

ループが回りだすと、**観察力が高まり、次第に意識しなくても細部を見ることができるようになる。早い人であれば、数枚のデッサンでこの域に到達する**。

芸術系の大学であれば、より深い観察と描画を極めていくことになるが、**このトレーニングでは、観察力を高めて、気づきをアウトプットすることを目的としている**。そこで、いったんは深めた観察と描画のループを離れて、描画から右端の「仮説」へと思考を導く。つまり、図の右側のループが強制的に形成される。そして、得られた仮説をもとに左側のループに再び戻り、観察で立証する。これらを繰り返すと、8の字を描いて観察力が深まり、仮説が広がるようになる。

以上が感性基盤のトレーニングの概要である。デッサンなどを通じて観察力を養うための専門的な指導を受けることで、気づきを深めるループが身につく。たとえば、講師とディスカッションを行えば、りんごの気孔や球体のような、一人では得難い気づきが得られる。**デザイナー、建築家、ミュージシャンなど、芸術系の仕事をしている人のセンスの良さは、観察力の深さや気づきの広さを身につけた結果なのである**。

(2) 情報基盤トレーニング

「情報基盤」では、独創的な発想を生み出すのに必要な情報連鎖のトレーニングを行う。一見、突然のひらめきに見える独創的なアイデアは、情報の連鎖によって生み出されることが多い。**トレーニングでは、まず特定の新しい情報に反応させ、次にすでに知り得ていた情報と連鎖させ、アイデアを浮かび上がらせる、というプロセスを習得する**（図5.7）。「感性基盤」でも述べたように、脳の情報処理には、特定の情報を他の情報と結びつけようとする得意技がある。

脳の中に無意識に蓄積されていた情報を結びつけ、価値あるストーリーを紡ぎ出すにはトレーニングが必要である。まず、起点となる情報と、ストーリーとなる情報が結びつくであろうエリアを見出す。次にストーリーに達するまでベクトルを頭に置きながら、ストーリーを紡ぎだす。たとえば、起点がトランプ氏勝利で、ストーリーが米国の民主主義の変化である。蓄積された情報は、

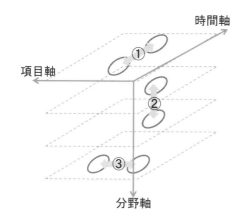

図5.7 情報基盤のトレーニング方法

移民の増加、富の偏在、貧困白人層の拡大、内政の強化、外交の弱体化、などである。これらの情報を起点から結びつけてストーリーは完成する。

　ここで、**起点となる情報が結びつくエリアには、「以前にあった類似の現象と結びつく、時間軸の先にあるエリア」「他の分野での類似の現象と結びつく、分野横断的類似性の軸の先にあるエリア」「他の技術などで見られた、一般的技術発展の軸の先にあるエリア」がある**。そのエリアに向かってベクトルを合わせ、Connecting the dots を行う。

　時間軸上での結びつきの例として、現在の第三次人工知能（AI）ブームを、約20年前の第二次 AI ブームに結びつけることが考えられる。後者の第二次の当時でも、ワークステーションの高速処理化が進み、画像認識が普及し、AI の学習方法が次々に開発され、AI の無限の可能性が論じられていた。前者の第三次でも、同じような論理を繰り返しているが、第二次と同じように掛け声だけで終わるかもしれない。

　分野横断的な類似性の軸上での結びつきの例として、数年前に電機業界が陥った国際競争力と過去の鉄鋼業界の状況を結びつけることが考えられる。電機と材料では産業構造が異なるが、技術の差別性を失った後に、コスト競争力の

高い発展途上国の企業と競争して敗れる、というパターンは共通である。

技術発展軸上の結びつきの例として、近年急激な進化をしている次世代マイクロチップと、バイオ・医療分野の遺伝子分析技術とを結びつけることが考えられる。両方とも、コンピュータの性能向上によって発達した、ナノテクノロジーによる分析技術と高度なシミュレーション技術が支えている。

こうした3つのエリアを意識して、起点となる情報から終点のエリアまでの結びつきを決め、その先に起こり得る現象を飛躍的にイメージすることで、新たなアイデアを見出す。 この際、起点となる情報は、内容が誰でもアクセスできるような、一般的な情報であるほうがよい。あまりにも特殊な違和感に期待していては、発想の機会が激減する。たとえば、再生医療の遺伝子に違和感を持っても、これをiPS細胞までつなげるのは技術的に大変難しく、できたらノーベル賞ものである。普通の人はこのような特殊な違和感を狙うべきではない。トレーニングでは、2016年の米国大統領選挙でのトランプ氏勝利のような、一般的な情報を題材にすべきである。

「情報基盤」のトレーニングは、新聞などの一般情報を用いて、特定の情報に「反応」することから始める。次に、上述した時間軸、分野を超えた類似性の軸、技術等の発展の軸を意識して、異なる情報との「つながり」を見出す。そして、つながる先を非連続的な「飛び」で発想し、"小噺"という形でアウトプットする、という一連の情報連鎖のプロセスを体験し、習慣化することを目指す。 具体的には、新聞などの記事を読み、気になる記事を取り上げ、上述した3つの情報の軸を頭に置いて「つながり」を感じる記事を抽出する。すぐに見つけられない人もいるが、1週間もすると、気になる記事や、つながりを感じる記事がピックアップできるようになる。

次に、ピックアップした記事を複数の角度から見つめて直してみる。こうすることで、複数の記事の間に隠されていた接点やそれらをつなげる方向が見えてくる。「感性基盤」における「気づき」と同様の比較プロセスである。記事を見つめ直し、「裏に何かあるんじゃないか」と疑い始めるのが大事で、そうも思うと自ら新たな情報とのつながりが見えてくるから不思議である。

複数の記事の「つながり」がどのような方向に伸びていくのかをイメージすることは、一種のアブダクションである。まずは仮説してみることである。時間軸、分野を跨いだ類似性の軸、技術等の発展軸上で複数のつながりが生まれると、より「飛び」のあるストーリーが生まれ、これを小噺としてまとめればよい。現実性が低い、ということは気にしない。このトレーニングでは、参加者がそれぞれの小噺を披露することで、互いに刺激を受けることができる。**こうした「反応」「つながり」「飛び」が習慣として形成されると、誰でも接することのできる情報の中から、独自のストーリーを引き出すことができるようになる。**

(3) 価値観基盤トレーニング

人が特定の情報に反応し、情報の連鎖が起こる一つの理由は、問題意識やミッション意識、を持っているからである。その背景にあるのが個人の「価値観」である。誰しも、自分の価値観の琴線に触れる情報には敏感に反応するが、関心のない情報には反応しにくいものである。見たいものだけが見えてくるのである。

一方、独自の切り口を見出すためには、業務周辺に限らず、できるだけ広い領域の情報に反応できることが望ましい。そのためには、社会構造に関わるような価値観を培うのがよい。このような「価値観」は一般教養とも言える分野に属するため、思想や社会問題を学んだり、優れた書籍を読んだりするのが普通の学習方法である。しかし、この手の方法では、個人が培う前に時間切れで人生終了というケースも出てこよう。価値観を培うには長い年月を要する。

ここで、価値観とは必ずしも特定の知識を身につけることを意味していない。すなわち、哲学や宗教を学べといっているわけではない。**社会的な事象に対して、個人として、意見や捉え方を持つことが本来的な意味である。そのためには特定の事象に接したとき、個人として、意見や捉え方を内的に模索しながらさまようプロセスが必要になる。**優れた書籍を読むことが価値観の醸成に役立つのは、読む人にそうした内的な彷徨を促す力を持っているからだ。したがっ

て、必ずしも本を読まなくても、大きな影響を与えてくれる偉人と出会ったり、あるいは人生観を左右した大事件を経験することで、価値観が形成されることもある。

　だが、上述したように、優れた書籍を読んで自己の内的彷徨の末に価値観を見出すには、長い時間がかかるのが短所である。同様に、価値観を醸成できるような出会いや経験に接することができる確率は低く、偶然性に影響されるのも短所である。また、出会いや経験によって得られる価値観は個人的な判断基準によるものであり、社会に役立つ何かを創造するためという基準で決められていない。創造的で価値ある自説を発する人材に求められる価値観は、後者の社会的・普遍的・一般的な価値観であって欲しい。

　「価値観基盤」のトレーニングでは、たとえば、「トロッコ問題」と呼ばれる倫理的思考実験をテーマに取り上げる。トロッコ問題とは、「5人のために2人を犠牲にしてよいか」という問いである。トロッコのブレーキが故障して暴走し、前方の5人の作業者に猛スピードで突っ込む状況を想定する。そこに直面したあなたは、たまたま分岐器のそばにおり、トロッコの進路を変えることができる。しかし、進路を変えた支線の先にも作業者が2人いる。こうした状況で、あなたは分岐器を操作してトロッコを支線に引き込むかどうか、という問題である。

　トロッコ問題に正解はないが、答えのパターンは大別して、5人よりも少ない2人を犠牲にすることを選んで進路を変える「功利主義的回答」、または理想的に良いことでなければ実行すべきではないと言って進路を変えない「義務論的回答」に分かれる。**図5.8**に示すように、さまざまな意見を持つメンバーとディスカッションをするうちに、2つの対立する考え方を認識し、どちらかを選択する状況に追い込まれ、自らの価値観に気づくようになる。

　このような典型的な倫理問題は、シンプルな対立概念のどちらかを選択するという問いである。この問いに取り組み、内なる声を聴く行為は、自身の価値観に気づき、必要に応じて修正を行う良い機会になる。価値観は、生まれたときから長い時間をかけて築かれるものであり、1回のトレーニングで隣の人か

図5.8 価値観基盤のトレーニング方法

ら説教されて決まるものではない。しかし、自分の心の中の価値観に気づくことができれば、目の前に起こった事象に対しても、自分なりの考えを持つことができるようになる。つまり、**「自らの中にあるものに気づく、あるいは引き出す」ことが価値観基盤のトレーニングのコンセプトである。**

(4) 経験基盤トレーニング

ここまで述べてきたように、モヤモヤとした時期から脱出できるように、感性のアンテナを高め、情報を連鎖させ、自らの価値観に基づいて独自の発想を創出すべきである。と言っても、それだけで新たな事業に乗り出せる訳ではない。発想を行動に結びつけ、未来に向けた一歩を踏み出すためには意志の力が必要になる。**意志の力が弱いと、どの基盤をトレーニングしても大きな効果が得られない。その逆境をはね返す力を、この経験基盤ではトレーニングを通して開発する。**新たな事業を立ち上げるまでの経緯を分析すると、一歩を踏み出した意志の背景には、自信、信条、反省などの意志の源となる経験がある。こうした経験と行動の関係はポジティブ心理学という分野で研究されている。

ポジティブ心理学とは、従来の心理学が精神的障害などの人間の弱さに焦点が当てていたのに対して、より良い生活や仕事ができるような、人間が強くな

るような心理の仕組みを研究する分野である。人生を幸福にするための学問とも言われる。ポジティブ心理学の父といわれるマーティン・セリングマン教授によると、人生を幸福にするためには、ポジティブ思考になること、夢中になること、意味のあることに自分をささげること、などが必要になる。逆にネガティブ思考になると、マインドワンダリングでイヤなことばかりを思い出して、無意識の部分が占領されて創造どころではなくなってしまう。ポジティブ心理学は、必ずしも幸福な場面だけに焦点を当てている訳ではない。新たな事業を立ち上げるための前向きな意志を生み出すためには、強い挫折を感じて自信を失った失敗経験も、幸福な成功経験と同じ価値を持つ。

「**経験基盤**」のトレーニングでは、ポジティブ心理学に依拠し、**個人の経験を棚卸しして、自分の長所や、逆境から立ち直った再生経験を想い起し、未来に向けた一歩の礎となる行動を見出すことを目的とする**（図5.9）。

まず、自分の長所を見出す。長所は自分ではわかりにくいものである。少しでも客観性を持って自覚するためには、過去の人生で他人から評価されたシーン、他に比べて優れた成果を出せた経験、日々の生活の中でうまくコントロールできた事柄、などを思い浮かべ、その背後にある自分の長所を見出す。長所

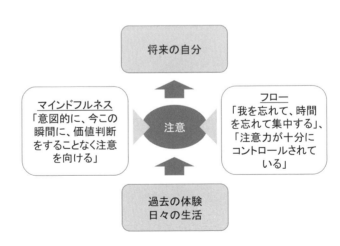

図5.9　経験基盤のトレーニング方法

はうまくいった経験だけに隠れている訳ではない。自分自身としては大変苦労したり、辛い思いをした経験でも、それを冷静に見ると、他の人にはできない力を発揮していたことを見出せる。逆に、得意だと本人が思っていることが、必ずしも本当の長所ではないこともよくある。たとえば、他人とトラブルを起こさない、という長所は、常に自分が一歩引くという消極的な短所を内在している。

　こうした客観的で冷静かつ前向きな評価を自分自身で行うのは難しい。「経験基盤」のトレーニングでは専門スタッフが対話型で本当の長所を見出していく。

　ポジティブ心理学は自分の長所を活かすことを重視している。図5.9の右に示したように、自分の長所を発揮しているとき、人間は与えられた課題に対して高い集中状態に入り、夢中になって時間を忘れることがある。こうした状態を「フロー」と呼び、この状態になると人間は充実感に浸ることができる。バッターが集中すると、歓声が消え、ボールの縫い目が見えるようになる。これこそフローとかゾーンと呼ばれている状態である。しかし、電話や邪魔が入ると一瞬のうちにフローは消えて、持続させるのは結構、難しい。フローよりは簡単なのが、図左に示した「マインドフルネス」である。過去のイヤなことや未来の不安なことを忘れて、今この瞬間に意識を向ける。五感が研ぎ澄まされ、自分の身の回りのあらゆることを素直に受け入れることができる。その結果、人間は心を開いてリラックスして幸福感に満たされる。なお、「フロー」も「マインドフルネス」も脳は集中状態になっている。しかし、この強烈な体験の後も、ポジティブな気分は持続される。

　「経験基盤」のトレーニングでは、フロー状態やマインドフルネス状態をイメージすることで、自分の長所を活かして夢中になったり、心を開いて広く周りを見渡すような意識を持てるようになる。それが前に進む気持ちに繋がっていくのである。このハッピーな気持ちを維持したまま、マインドワンダリングに入っていけば、ポジティブな傾向も持続され、アイデアや希望、夢、喜びを思い浮かべるようなポジティブなマインドワンダリングが導ける。

素直に心を開いて、内面に潜む優れた点を見出し、無我夢中に行動することで、小さな長所は次第に成果につながり、時に才能と言われるレベルに昇華する。自身の人生を振り返り、こうした可能性を前向きに受け取るようにするのが本基盤の目指すところである。

(5) 手法基盤トレーニング

　価値観を背景に、感度の高いアンテナと情報連鎖によって新しい発想を生み出しても、発想を形にするためには実務的な能力が必要である。同じアイデアを起点にしても、人によってアウトプットの形は異なる。たとえば、省エネルギーの事業を発想した場合、技術力のある人が創業するとメーカーのようなビジネスモデルになるし、商売経験のある人が創業するとマーケティングを武器とする会社を作り上げる。アウトプットの形は、当人が持っている技術やノウハウをベースに組み立てられることが多い。ただし、技術者が技術だけを頼りに、事業の提案を行うと、事業としての可能性を減じるという一面も生じる。要は、技術と経営のバランスである。

　「**手法基盤**」**では、個人の長所を重視することを前提としつつ、どんな事業にも共通するノウハウを身につけることを目的としている**。日本総研のような、シンクタンクやコンサルティング会社が得意とする手法の一つは企画力である。製品やサービスの提供も無しに、企画書だけで何千万円ものコンサルティングを受注したり、政策に貢献したりすることができる。**日本総研は、独自の企画書を書いて、何社もの企業に有料で参加してもらうコンソーシアム活動を強みとしている**。日本総研を卒業してベンチャービジネスに転じた人は、ほぼ例外なく、日本総研でのコンソーシアムでの経験が大変に役に立ったと言う。そうした経験を活かして、個人が持っている技術力を新しい事業につなげるような、「手法基盤」のトレーニングを行う。

　企画を通すためには、企画内容が充実しているか、技術を重視しているか、ノウハウを重視しているか、にかかわらず、共通したプロセスがある。「**手法基盤**」**のトレーニングでは、こうした共通プロセスの理論に基づいて、企画書**

第5章　自説形成のキッカケを研修で掴もう

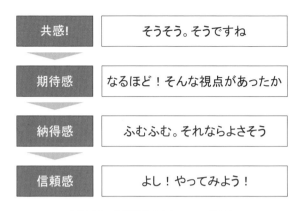

図5.10　手法基盤のトレーニング方法

作成、対話、プレゼン方法、を修得することを目指している。

　企画書作成のプロセスには4つのステップがある（図5.10）。

　1つ目のステップは、新しい事業をどのように進めるか、なぜそのように考えたのか、ということを先方の顧客と共有する「共感」のステップである。相手がこれまで話したことや、思っているであろうことをうまく織り交ぜて、「そうそう、その通りなんですよ」という反応を引き出す。

　2つ目のステップは、相手の期待に応えるようなプロフェッショナルさを感じてもらって、顧客の「期待感」を獲得するプロセスである。この際、専門的な切り口や斬新な構想を提示して、「なるほど、そんな視点があったか。さすがだ」という反応を引き出す。

　3つ目のステップは、相手が前向きなモードになったところで、「期待感」を裏付ける妥当性を提示して「納得感」を引き出すプロセスである。高まった期待感を、「なるほど、これならできるな」と思わせる納得感につなげられるように、わかりやすいプロセスで説明する。コロンブスの卵のような、誰もが現実的と思えるプロセスを示すことが、成功のポイントである。

　4つ目のプロセスは、相手が納得感を持って提案を受け入れたくなったところで、「一緒にやっていこう」と思うような「信頼感」を引き出すプロセスである。

「この人達はここまでやってくれるのか」と思われるコミットを示すことが重要である。

「手法基盤」のトレーニングでは、こうした4つのステップにしたがって企画書を作成するだけでなく、対話やプレゼンにより、顧客や上司に企画を通していくトレーニングも行う。実際にやってみると、「共感」のステップはうまくいくが、「納得」のステップが進めにくいなど、人によって得意不得意があることがわかる。こうした対話やプレゼンの場を、提案者、提案先、同行者など、さまざまな立場で体験すると、自分の強み、弱みがわかってくる。

新しいことを考え、それを実現するためには、社内でも社外でも、企画力と企画を納得してもらうための能力が必要となる。モヤモヤとした時期を過ごし、苦しんで手にした構想は、企画として通すことができて初めて、事業として立ち上がる。その意味で、企画力は5つの基盤の成果を形にするためのプロセス、ということもできる。

8 脳の基盤の見える化

第3章で示したように、脳をマインドワンダリングに導くことで、創造力が高まると考えられる。**脳を、マインドワンダリングの基盤である、デフォルトモードネットワーク（Default Mode Network、略してDMN）の活性化した状態にできれば、独創的な発想を生み出すことができるはずだ。**

ここで紹介しているトレーニング方法を含め、脳の機能を高めるための手法は、いまだ仮説の域を出きれない一面がある。そうした状況を補うためには、脳のモニタリングと、DMNのような特定の脳の状態を自己認識できるプロセスが必要である。また、脳の研究は今後ますます進歩するから、脳の状態へのアクセス技術を持っておくことが、トレーニングの進化の基盤となろう。

DMNは多数の記憶にアクセスし、関連情報を引き出す脳の部位が反応している状態のことである。独自の発想には、普段の生活ではなかなか関係付けられない情報を組み合わせていくプロセスが必要である。

「感性基盤」「情報基盤」では、脳の拡散的なフィルタリング機能によって、これまで関連性を意識していなかった情報が、脳内での情報保管位置が近いことで関連性を見出され、非連続的な思考を生み出す可能性を高める。

一方、「経験基盤」「価値観基盤」で信号伝達ループが強化されれば、過去の経験と今後起こり得ることとの連続的な結びつきや、行動を起こすための意志の力、などの創出が起こりやすくなる。こうして情報や価値観が結びつくようになれば、実際の行動でも安定性や連続性が増す。確かに判断や思考がぶれない人は、脳内の信号伝達ループが強化されている。このため、ぶれない軸に沿った情報に反応しやすくなるので、価値観を反映した情報連鎖へと、発想を誘導するようになる。

この非連続的と連続的の2つの思考が、体調、心理、置かれた環境に応じて組み合わされ、独自の発想と活動が生み出される。言葉を変えれば、こうした拡散的に、または安定的に脳を使い分けるのが脳の基盤トレーニングであるといえる。

9 トレーニングで日々の生活をキッカケの場に

日本総研ではこのようなトレーニングを2年にわたり実践してきた。反応はさまざまである。感性が研ぎ澄まされ、日々の発見が格段に増した人、ストーリー作りに目覚めて積極的に情報収集し始めた人、自分の評価軸に目覚める人、また逆に、トレーニングに拒絶反応がある人、仕事の忙しさに不安を覚えるようになる人などである。

こうした傾向を評価ツール（主にアンケート結果）で数値化して整理した。たとえば、4人のトレーニング実施者の結果を**図5.11**に示す。ここでは、3カ月を1セットとしてトレーニングを実施し、開始前、中間時（1.5カ月後）、終了後（3カ月後）で評価を行っている。

Eさんは、新市場立ち上げに取り組むリーダーで、チャレンジ精神旺盛な30代前半の研究員である。業務多忙の中、研修に前向きに取り組み、図5.11

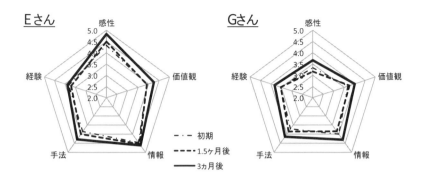

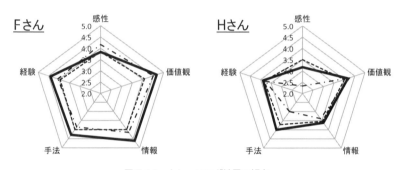

図 5.11　トレーニング結果の傾向

　左上の「基盤指数遷移チャート」にも見られるように、「感性基盤」「価値観基盤」「手法基盤」の評価を 3 カ月間で上昇させることができた。一方、「経験基盤」は、2 カ月目で業務が多忙を極め、心理的な余裕が低下したことが原因なのか、減少傾向となった。「情報基盤」は E さんだけでなく、H さんもそうだったように半数の人が 3 カ月間で高止まる傾向にある。思考を飛ばすことは、やれる人には他愛のないことでも、やれない人には至難の技になる。恥ずかしいという心理的障壁も前に立ちはだかる。「感性基盤」では、もともと絵を描くのが好きではなかったが、細部まで視点が行き渡るようになったことで、観察と仮説のループが回り始めた。研修の効果が持続的に実感できた一人である。

Fさんは、海外新事業開拓のリーダーで、チャレンジ精神旺盛な40代前半の研究員である。左下の同チャートに見られるように、中間で業務多忙、海外出張が頻発したことから、全体にスコアが下がったが、その後回復し、「情報基盤」「手法基盤」「経験基盤」「価値観基盤」については、最終的にスコアが向上する結果となった。一方で、「感性基盤」は、徐々に低下する傾向がみられ、Aさんと対照的な結果となった。Bさんも、絵を描くのが好きではなかったにもかかわらず、観察から描画へのループが回り始めて、視点の拡大が確認できた。しかし、描画から仮説へのループが回るところまでは達していなかったので、自分の中で視点が拡大したと意識化できなかったと推定される。これはりんごは描けてもりんごの木は描けず、傘は描けてもそれをさす人が描けないのと同じである。

Gさんは、Aさんとともに新市場立ち上げプロジェクトに取り組むサブリーダー的存在の30台前半の研究員である。Aさん同様、トレーニング期間の中盤で業務多忙となり、スコアが右上のように低下するが、その後、業務負荷が軽減して、全基盤でスコアが上昇した。特徴的なのは「感性基盤」である。絵に苦手意識があり、最初は既成概念を取り除けず、積極的になれずスコアも低かった。しかし、いったん既成概念を取り除けた後には、観察から描画へのループから描画から仮説へのループにスムーズに移行して、視点が増し、描画への意欲が拡大し、普段の生活の中でも、気づきが増えたことを自覚できるようになった。通勤経路で咲く花に気づくというように、日々の生活に新鮮さを感じるようになったともいう。全般的にスコアが小さいのには、研修全体の飛躍感に違和感があったことが原因である。

Hさんは、国内コンサルティング業務に取り組む30代前半の研究員である。業務はそれほど多忙ではなく、研修には積極的に取り組んだ。以前、政治に関わる仕事をした経験があり、「価値観基盤」での反応が高く、「手法基盤」でも熱意が高く、高スコアを出した。一方、絵が好きだったこともあり、「感性基盤」に積極的に対応したが、右下のようにスコアはあまり良くならなかった。描画は精緻化していったが、既成概念のフィルターを通ったものが描かれた。これ

は太陽を丸に周りに放射線で描いたり、花をチューリップのように描くのと同じである。実物をよく見る観察力が発達しなかったと推定される。

　5つの基盤のトレーニングは、一般的に、受験勉強の得意なタイプの人のほうが苦労する傾向があった。その理由は、アブダクションのように飛躍的な発想を課されたり（積み上げ型の論理ではない）、見えないものを強制的に描けと言われたり、実習内容にストレスを感じたからだろう。と言いながらも、「価値観基盤」と「経験基盤」は、一般的にポジティブ思考が精神的な安定性を維持する方向に働くため、ストレス下でもトレーニングを継続できる。こうした相反する基盤のバランスをマネジメントすることも、新しい能力を培うことにつながる。もっとも業務多忙になると、E、F、Gさんの中間時のスコアが低下したように、トレーニングどころではなくなってくる。脳は、根を詰めた集中状態が続き、マインドワンダリングに転じても失敗に対する不安がネガティブに働く。このようなときは、もちろん自説形成する余裕もなくなる。

　それでも、**いったんトレーニングのループが回りだすと、日々の生活はキッカケにあふれた「場」に変わる。こうしたチャンスはすべての人にある。**トレーニングで潜在する能力を引き出し、新しい自分の世界を創ることにチャレンジできる人が増えてほしい。

コラム 5
自説の価値を理解してくれるまで他人に説明する

1 ニーズ発想の幻想

　商品開発の世界で、「市場のニーズを把握して」「顧客志向で」、が決まり文句のようになって久しい。そのために、多くの企業がコンサルタントを使うなどして、統計データの分析、アンケート調査、インタビューなどを行う。しかし、こうした調査や分析で得られるデータをいくら分析しても競争相手に勝てる商品を生み出すことはできない。企業は、「ニーズ発想の幻想」から脱却しないといけない。

　どんなに綿密に調査しても、統計データの分析、アンケートからは、誰でも得られる情報しか手に入らない。それを使って、SWOT分析、強み弱み分析など、これまた誰でも知っている方法で分析するものだから、同じような戦略しか出てこないのは当たり前だ。こうして、**猫も杓子も同じような戦略を取ることになり、レッドオーシャン（競争の激しい既存の市場）に飛び込む日本企業があまりにも多い**。少し前には、ヘルスケアビジネス、蓄電池、4Kテレビ等々、最近では自動運転といったところだ。

　たとえば、電池の性能が上がり、再生可能エネルギーの利用量が増えれば蓄電池の市場が成長するのは当たり前である。しかし、半導体、液晶、太陽光パネルと同じように、10年後に蓄電池を生産している企業は世界で数社に絞られるはずだ。自動運転に使われるセンサ、半導体、ソフトウェアも同じようなものだ。自動運転は普及するが、オペレーションシステムやデバイスを供給する企業は世界でも限られるだろう。

　市場は間違いなく拡大するし、事業として大成功する企業は必ず出てくるが、ビジネスとして成功するのは、どの分野でも世界で数社である。そ

うした市場に何十社が飛び込むのだから、90％以上がいずれは淘汰される。特定の技術が普及する際の、一般的な投資と淘汰のメカニズムだが、好き好んで淘汰される側に回ることはない。

2 　教えられたことを確実に行う秀才が横並びを生み出す

　新しい技術が商品化されてから、新しい市場に飛び込んでも、余程の技術力、資金力、販売力がない限り、ほとんど負けは見えている。しかし、敢えてその道を選択する経営者が多い。一流のコンサルティング会社に事業戦略を依頼しても、同じような金太郎飴の戦略が描かれてしまうことが少なくない。コンサルティング会社は一流大学を卒業した頭脳明晰で意欲的な若者を雇う。粘り強く情報を集め、緻密に分析するのはお手の物だ。

　しかし、秀才だからこそ、教えられた調査手法と分析手法を忠実にこなしてしまう。そうしたコンサルタントが日本中に100人もいれば、日本中の大企業に金太郎飴の戦略を勧めるのに十分だ。東大だけでも毎年3000人もの秀才が入学するから人材は十二分にいる。

　どんなに秀才でも、金太郎飴の戦略しか提示できないコンサルタントは二流だし、それを受け入れる経営者も二流だ。どちらも、**市場が拡大することと自社が勝てることとの違いが見えていない。**

3 　差別化を考えたことがない秀才

　秀才は往々にして人と違ったことを考えたり、差別化をしたことがない。与えられた問題を的確にこなす、という受験ゲームでは、そんな技術はまったく必要がないし、時にはマイナスだからだ。だから、コンサルタントになっても、教えられた調査手法と分析手法を教えられた通りに使う。競合する会社にも、同じような学歴の人が同じような手法で調査・分析するから同じような結果が出る。コンサルタントのレポートを受け取る経営企

画部門にも同じようなタイプの秀才がいる。

　日本では最近、MBA に一時の人気がない。それを問題視する意見もあるが、人材の主たる送り手だった企業にしても、MBA のカリキュラムをこなす本人にしても、ビジネスマンとしての大事な年代に長い時間と多額の資金を投じるだけのリターンがないと思っているからだろう。リターンに見合えば企業も個人も時間と資金を投じる。MBA のカリキュラムの中心は、過去の事例分析に基づく議論や検討だ。もちろん、過去に学ぶことは重要だし、そこから発展する議論もある。しかし、日々の仕事の現場において目の前に起こっていることを、過去の事例と照らし合わせるのは容易なことではない。現場での失敗は多種多様だから、上位概念に遡らない限り、それとまったく同じという前例を見つけることはできない。ナレッジマネジメントはあまり期待できない。知識が必要なことに全く異論はないが、**ビジネスの現場に必要なのは、目の前の問題をそこですぐに解決するアイデアと行動力**だ。会議室でマーケット調査するよりも、自分で現場に行って顧客のひとりになったほうが、何倍も正しいニーズをつかみとることができる。

4　偉大な商品はイメージから生まれた

　過去の例を見ても、表面的なニーズ調査から偉大なヒット商品が生まれることは稀だ。たとえば、ニーズ調査で、「歩きながら音楽が聞きたい」という結果が出たからソニーのウォークマンが生まれた訳ではない。コンビニエンスストアにしても、「スーパーよりも品揃えは少なくて、定価でもいいから、自転車で行ける距離に小さな店舗が欲しい」、というニーズ調査の結果が出たから開発された訳ではない。

　図 5.12 の左半分に「現状のニーズ」と「現状の技術」のマッチングで生じた新商品が価格競争に巻きこまれたという失敗を示す。新商品に必要なのは、図の右側にある「将来のニーズ」である。将来のニーズと現状の

技術のマッチングで新商品を作ったら、偉大な商品に化ける可能性はある。

偉大なヒット商品に共通しているのは、イメージ力である。ウォークマンでは、設計者が小さなレコーダーを身につけて街を楽しそうに歩く姿をイメージしたのであろう。コンビニエンスストアでは、広いエリアに多数展開された小規模店舗に売れ筋の商品が並べられ、情報機器とトラックでネットワークされた販売システムがイメージされたはずだ。

現在のアップルの隆盛を発端となったのはiPodだが、iPodは世界に先駆けてMP3という革新技術を採用した商品ではない。iPodに先行してMP3を使った商品がヒットしない中、アップルは高速通信網とデータバイス整備されるのを待ち、満を持してiPodを市場に投入した。ジョブズ氏がiPodという単体の商品ではなく、iTuneを中心に高速通信網で音楽がやり取りされる様をイメージしていたから、こうした戦略を取ることができた。

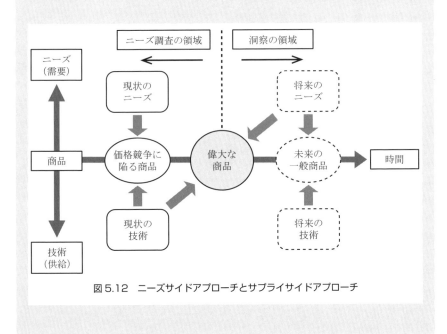

図5.12　ニーズサイドアプローチとサプライサイドアプローチ

5 未来のニーズを捉える

ウォークマンにしても、コンビニエンスストアにしても、iPod にしても、数多くの顧客を掴んだのだから、市場ニーズを捉えていたことは間違いない。問題は、調査でわかる表面的なニーズではなく、市場の底にマグマのように潜在したニーズ、目先のニーズではなく未来のニーズ、であったということだ。未来のニーズを感じ取り、ウォークマンや iPod を身につけて楽しむライフスタイル、あるいは POS とトラックでネットワークされたビジネスモデルをイメージできたことが、歴史的なヒット商品を生み出したのだ。

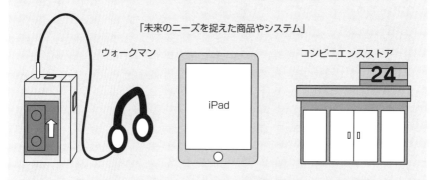

「未来のニーズを捉えた商品やシステム」
ウォークマン　iPad　コンビニエンスストア

6 ニーズ型開発とプロダクトアウト型開発の究極の一致

一方、これらの商品は革新技術を伴っていることも忘れてはいけない。ウォークマンはカセットレコーダーと小型化の技術、コンビニエンスストアは POS を可能とするコンピュータ技術、iPod は MP3 と高速通信技術である。しかし、ニーズだけが先行して、未成熟な技術を無理に使っても、ビジネスとしてはうまくいかない可能性が高い。技術が成熟するタイミングと、新しいライフスタイルやビジネスモデルをイメージするタイミング

とがぴったり合うことが、大ヒット商品が生まれる鍵と言える。

「これはプロダクトアウトではないか」と思う人も多いだろう。その通り、**未来のニーズを捉えた商品開発と、優れたプロダクトアウト型の商品開発とに違いは無いのである**。優れたプロダクトアウト型の商品開発でも、新しい技術やシステムで未来のニーズを捉えようとするからである。一方、ニーズ型開発と言っていかに未来のニーズを捉えても、技術的にもシステム的にも何も新しいものがなければ、すぐに競争相手に真似されてしまう。商品が生まれた瞬間に、未来のニーズを捉えており、しかも先進的な技術を取り込んでいるから、競争相手が容易に攻め落とせなくなるのだ。

このように、優れた商品は先進的技術と未来のニーズの組み合わせで生まれるものであり、ニーズ型、シーズ型という二元論で整理できる訳ではない。未来のニーズと先進的な技術の間を行ったり来たりして、生まれるのが優れた商品なのだ。近年、日本で「ニーズ型の発想」という声が多くなったのは、技術とニーズの間を行ったり来たりする、商品発想の王道から離れた技術埋没的な人材が増えたからではないか。

こうして考えると、なぜ液晶テレビで日本のメーカーが敗退したのかがわかる。画面の大きさ、鮮明さ、薄さなどから液晶は確かに革新的な技術だった。しかし、考えてみると、テレビを見るスタイルは何も変わっていない。新しいライフルタイルの提案もなかった。液晶テレビは、ニーズとシーズの間を行ったり来たりする商品開発の王道から外れた商品だった。しかも、デジタル技術はひとたび世の中に普及すると、ブラウン管に比べるとキャッチアップが容易で、投資や販売戦略が競争優位を決める傾向が強かったから、投資力と経営判断力に勝る韓国企業に負けてしまった。

7　どうすれば未来のニーズを捉えられるか

究極のニーズ型の商品開発とプロダクトアウト型の商品開発はほとんど同じことを言っている。山の登り方は違っていても、目指す頂きは同じな

のだ。そして、先述した通り、**商品としての競争力を保つためには、ニーズ型とプロダクトアウト型の究極の一致こそ、商品開発の目指す理想だ。**

　プロダクトアウト型のように見える商品開発をして大成功した先人は、小賢しいマーケティング調査などしなくても、自分の作った商品を持って新しいライフスタイルを享受する人達の姿が見えていた。であるなら、本来考えるべきなのは、どうしたら先進的な技術を手に、未来のニーズをイメージできるか、であるはずだ。しかし、それはニーズ型、プロダクトアウト型のような単純な二元論のように簡単ではない。一流の料理人の技を会得するのと同じくらい複雑で面倒臭いものだ。誰しも、そんな苦行をしたくないから、コンサルタントは本来分けられないものをニーズ型とプロダクトアウト型に分断し、受け入れてしまったのだ。

8　未来のニーズはなぜ企業の中で認められたのか

　眼に見えない未来のニーズをターゲットにした商品の開発は、なぜシニカルな社内官僚のいる企業の中で認められたのだろう。難しく考えることはない。開発したいと思う人の話に説得力があったからだ。
　では、なぜ、説得力があったのだろうか。
　それは、未来のニーズに即した商品を開発したいと思う人の頭の中に、自分が作った商品を喜々として使う消費者の姿が鮮明にイメージされていたからだ。
　ニーズ型とプロダクトアウト型の究極の一致を体験した人の話には、一方的に説き伏せなくても、聴く人を惹きつけるものがある。あるいは、まだ開発されていない商品なのに、話のどこかにリアリティを感じる。頭の中でニーズとプロダクトが究極の一致を果たすまでには、商品構想を何度も何度も繰り返す。そのたびにイメージには具体的なコンテンツが加えられていく。そうした思考の過程を経てきた人は、改善を加えたディテールの一つひとつを語ることができる。未だ見ぬ商品の話にリアリティを感じ

るのはそのせいだ。

9　官僚を増やし過ぎた日本企業

　イメージを伝える語りかけが強い説得力を持つまで、イメージを掘り込むことが、ニーズ型アプローチとプロダクトアウト型アプローチを究極的に一致させるための要点だ。それが、企業のビジョンや社会的な意義とずれていなければ、優れた経営者は語りかけられるイメージを理解してくれるものだ。多くの場合、ここまで掘り込まれたイメージには、社会的な意義があるので、新商品開発をスタートすることができる。実は、日本にもこうした受容力を持っている経営者の比率は意外と高い。

　日本企業の問題は、こうした志ある語りかけに水をかける心無い社内官僚である。企業を健全に経営していくためには、何事も冷めた目で評価する秀才タイプの人材が必要である。しかし、バブル崩壊、金融危機、ITバブル崩壊、リーマンショック等を経て、日本企業はこの手の人材の割合を多くし過ぎた。

　新商品を開発することは、どんな人にとっても不安である。新しい商品プランを評価する管理者の半分がシニカルな官僚だったら、大抵の人は心が折れる。そして、冷徹な管理者のネガティブなリスクの指摘で、個性的な尖がりは消えていき、差別性のない普通の商品ができあがっていくことになる。

　官僚的な人達は、「個人の発想に任せても、個性のある商品がどのくらい増えるのか」と言うだろう。確かに、管理主義から脱皮して、個性的な発想を認めるように方針を転換したからと言って、新しい商品の成功確率が何倍にもなる、ということはない。しかし、まともに経営されている企業であれば、個性的な商品が生まれる確率が2割から3割に上がるだけで、成長性は劇的に大きく変わるはずだ。本来は改善で1割だけ向上すればいいものを、全面的な10割改善に変更して目標転換を求めるのも、官僚系

図5.13 ニーズ型アプローチとプロダクトアウトを一致させる取り組み

の人達がよく用いるロジックだ。

10 未来型商品を開発できるようになるための3つの取り組み

ニーズ型アプローチとプロダクトアウトを究極的に一致させられるようになるためには、次の3つの取り組みアプローチが有効である（**図5.13**）。

1つ目は、トレーニングだ。数多くのアイデアを発想してきた人が、「自分は先天的に発想力が優れている」と言うのを聞いたことがない。一方で、「発想とは努力の賜物だ」という話は何度も聞いたことがある。つまり、**未来のニーズをイメージするための努力を積み重ねれば、誰にでも成果が期待できる。体力と同じように発想力にも鍛える余地がある**。その方法論については、コラム4で詳しく述べた。

2つ目は、組織改革だ。新しいものを生み出す、という点で日本がアメリカに学ぶべきなのは称賛の文化だ。多くのアメリカ人は、新しいアイデア、チャレンジを「Beautiful」などと言って称賛する。一方、日本ではシニカルなコメントをすることが知的だと思っている元秀才が腐るほどいる。経済成長やベンチャービジネスの勢いなどで、日本とアメリカを比べ

て見れば、日本がいい、アメリカがいいと議論している段階ではない。上述したように企業経営にとって冷徹な官僚は必要であるし、社内官僚にも良い人はたくさんいる。**重要なのは、シニカルな官僚を志ある官僚に変えることだ。**

11 インキュベーション・コンソーシアムでの体験

3つ目は、プロジェクトによる方法論だ。ニーズ型アプローチとプロダクトアウト型アプローチを究極的に一致させるために最も有効なのは、両方を経験することである。日本総合研究所では、20年余りにわたり、インキュベーション・コンソーシアムという活動を行っている。図5.14に示すように、この活動では、まず、日本総研のスタッフが、新しい事業のコンセプトと立ち上げのプロセスを示したコンソーシアムの企画書を書く。その企画書を持って、何十社と説明に回り、有料でコンソーシアムへの参加をお願いする。

コンソーシアムに参加するメンバーが集まったら、大きく二つの流れで活動を進める。一つは、プロジェクトの商品を企画・検討する活動であり、もう一つは、その商品を売り込んでいくためのマーケット開拓のための活

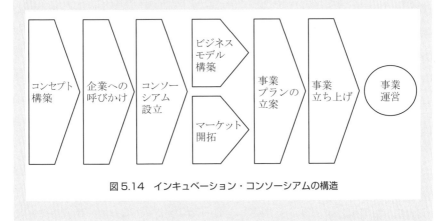

図5.14 インキュベーション・コンソーシアムの構造

動だ。

　企業では商品を作るエンジニアと、商品を売り込むマーケッターとの息が合わないことがときどき問題になる。二つの種類の活動が相乗効果を上げるためには、活動の要となるような、事業のビジョンや基本的なビジネスモデルが必要である。たとえば、ICTを使ってエネルギーの使い方を最適化するような事業を考えるのなら、「サービスとICTで低炭素社会づくりに貢献する」といったような表現だ。短い文章の中に事業の切り口が表現されているといい。

　ビジネスモデルを表現するためには、顧客、納入業者、金融機関などのステークホルダーとの関係を図示した事業構造図を描いたうえで、各々の関係を簡単に説明するような資料を作ればいい。

　こうした共通の理解の基盤を持ったうえで、商品開発を行うチームは、商品の魅力を高めるための技術や、事業を実行するための提携の仕組み、などを検討する。一方で、マーケットを開拓するチームは、基礎的な市場分析をしたうえで、顧客像を明確にして、商品イメージができたら、テストマーケティングに協力してもらう、といった活動を行う。

12　技術とマーケティングの両方を経験する

　上述の開発に適する人材の育成ポイントは、ガチガチの機能分化を避け、技術者をマーケティングの現場に連れ出し、マーケッターを技術開発の現場に引っ張っていくことである。偉大な経営者の多くに、会社が小さかった時代の経験があるのは、開発とマーケティングの両方に関わることが事業家としての成長に役立つことを示している。また、こうした人達の話を聞いていると、開発とマーケティングの両方を経験し、ニーズ型アプローチとプロダクトアウト型アプローチを一致させる経験をすると、信念や価値観が醸成され、自説を持てるようになることがわかる。

　成功したから説得力があるのではない。二元論に陥らず、優れた商品に

必要なことは技術でもマーケットでも勉強しよう、という一貫した姿勢と、必死に説得しようする努力が成功を生んだのである。

　こう考えると、先天性に見えがちな自説の強さも、心がけや経験に依存する部分が相当あることがわかる。その分だけ、誰にでも努力で解決できる余地がある。このように思うと、設計者は救われた気がして開発を進めることができる。

第6章

自説を作って一歩踏み出せば創造が近づいてくる

　形成した自説が上司や顧客に認められ、その仮説立証のプロジェクトに資金が投入されることは、実際のところ稀である。しかし、過去のビジネスの成功者は、少なくとも、確固とした自説を主張して、その立証を成功させている。これまでの日本では、顧客の要求機能とメーカーの設計解を、交渉しながら互いに補正するというボトムアップの開発プロセスを多用してきた。今後は、顧客がどのような機能を要求しても、多くの個人が自説を創成して準備しているので、それに適応する設計解の案を提供できる、というトップダウンの設計プロセスを採用することが多くなるだろう。

1 自説を作れば、それがイノベーションや創造に直接、繋がるのか

　第4章で記したように、自説形成のキッカケとして、絵を描き、本を読み、旅に出て、君はそのときの違和感や感動から、多くの自説を創ることができた、と仮定しよう（図4.1の（a1）から（a2）へのプロセス）。そして、第2章で記したように、君は脳をマインドワンダリング状態になるように制御して、自分の考えを創ることができ、多くの自説をノートに書き留められた、と仮定しよう（図4.1の（a2）から（a3）へのプロセス）。しかし、それだけでは、"妄想のお化け"がノートに閉じ込められているだけで、何も価値を生んでいないのである。それは困る。**本章では、自説とその自説形成で鍛えられた脳が価値を生み出すとしたらどのような状況か、そして本当に価値を生み出すことができるのか、を考えてみる。**

　まず、最初に、自説が創造に化けるとしたら、その価値を生み出す状況はどういうときか、を想定してみる。**自説の価値は、誰かが君に何かうまい解決案を求めているときに、売り値が付けられる。その誰かとは、エンジニアの場合、顧客である。**その状況は、図4.1の（c）に示したように、顧客と一緒に今後の投資や購買の展開をミーティングで話しているときである。または顧客は直接に見えないが、研究助成や投資・融資を頼むために申請書や計画書を書いて、審査者に訴えようとしているときである。何としても、このときに気の効いた解決案を顧客に示さないと、これまでに蓄積してきた自説はお金に変換できなくなる。なお、経済的に見れば、イノベーションや創造は、知識を価値（お金）に変換するプロセスであり、それ以上のものでもない。イノベーションや創造を人類の英知とか永遠の真理とかの高邁な概念として定義すると、哲学を持ち込まなければならないので面倒になる。

　さて、君が秘蔵の自説を顧客に設計解として発表して、それに対して顧客の要求機能とマッチングできたとしよう。そのマッチングに至るまでの経緯や、その後のビジネス、研究、設計、開発、等における仮説立証の推移について、

大別すると経験的に次の3つのプロセスが考えられる。これを図6.1に示す。

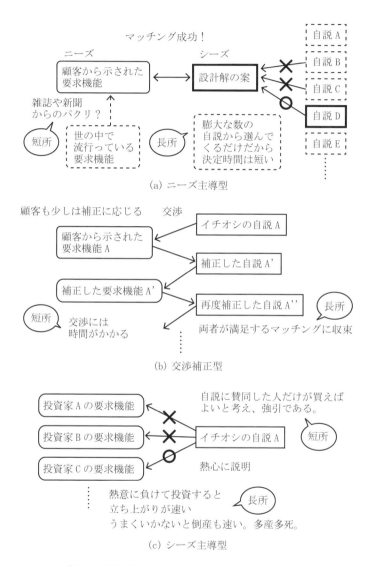

図6.1 自説を価値に変えてビジネスが成功するパターン

(1) ニーズ主導型：顧客から要求機能を提示されたときに、設計解として、たまたま過去に考えていた自説が流用できる場合

　顧客の要求機能がニーズで、自説がシーズである。図 6.1(a)に示したように、両者がたまたまお見合いして、幸いにもマッチングした例である。ニーズは最初から最後まで何も変更せずに同じ内容を主張し続けたので、これはニーズ主導型である。ノートの中に自説を、たとえば、1000 個用意していれば、そのうちの 1 個がたまたまニーズとマッチングした、というケースはよくある話である。自分の専門分野というものは、結構、狭いもので、そこにたまたま要求機能を持った顧客が舞い込んでくれば、"飛んで火に入る夏の虫"という具合で、彼に自説を売ることができる。とにかく**アイデアマンと呼ばれる人は、アイデアの在庫が膨大にあるので、どんな課題にでも対応できる**。シーズを頭の戸棚から取り出してマッチングするだけだから、決定時間は非常に短い。この短さはこの型の長所である。

　このマッチングが成立すれば、新商品が発売できてビジネスが始まる。ところが、大ヒットが生まれたというケースは実は稀である。なぜならば、顧客のニーズの正当性が怪しいからである。本当に自分が欲しいのならば、必ず、1 つは自分が買うはずである。しかし、よくよく調べると、実はそのニーズは顧客が本当に欲求したものでなく、どこかの雑誌や新聞に書いてあった流行に賛同・模倣したパクリだった、ということが多い。これが短所である。

　コラム 5 にその実際に失敗したビジネス現場を紹介した。**ニーズを分析して捉えるというより、その商品を使っているイメージを自分で創出することが大事である**。少なくとも、設計者がそのイメージを思い浮かべられないようならば、売り出しても顧客は使えないので、開発をあきらめたほうがよい。

(2) 交渉補正型：イチオシの自説を顧客に提示し、顧客の顔色を見ながら変更・補正していったら、顧客も譲歩して要求機能を多少、補正してくれて、その結果、両者が満足する設計解を選出できた場合

　これはニーズ主導型とシーズ主導型の"合いの子"であるが、どちらかとい

えば、ニーズのほうがシーズより大きく変化しないのでニーズ主導型の一種といえよう。図6.1（b）に示すように、シーズを、顧客の細かい要望に合わせて、補正し改善して、収束したときは両者が満足するところに落ち着く。和を重んじる日本に適した型である。この収束は長所である。

　もちろん、最初に顧客に提示するイチオシの自説が、興味を引くほど優れていなければ、この交渉も始まらない。コラム5では、このイチオシの自説、たとえば先進的技術がなければ、売り出した直後に競合他社に模倣されてビジネスは失敗する、と述べた。つまり、新商品の魅力をイメージするニーズのタイミングと、それを実現する先進的な技術のシーズのタイミングが合わないと、ヒット商品は得られない。普通はそのタイミングを合わせるために、ダラダラと無為に時間が過ぎる。しかし、日本人は仮に交渉が始まったら、粘り強く、自説を自らガンバレと応援しながら進化させる。自分の土俵に相手を引きずり込むのである。

　筆者の中尾が、大学と企業との共同研究で多用する方法もこの交渉補正型である。大学の教員は学術論文を書いてナンボの世界だから、とにかく設計解を自分の得意分野に引きずり込むのが得意である。

　一方、この型は交渉に時間がかかるのが短所である。「一度、社に戻って上司と相談します」とお互いに決断を延ばしていくと、時間切れになる可能性が高くなる。しかし、交渉時にニーズやシーズの妥当性を丁々発止でやりあうので、マッチングが成立すればビジネスに繋がる。

（3）シーズ主導型：イチオシの自説に投資してくれそうな人を探し、熱心に自説を説明し、その熱意に負けた顧客を強引にプロジェクトに引きずり込んでビジネスにつなげる場合

　交渉時には強引な売り込みを伴うので、日本人にはあまり好まれないプロセスである。顧客が誰であろうともシーズの内容を変更せずに、「自分の設計解のシーズに賛同した人だけが買えばよい」という強気な戦法が特徴的である。ビル・ゲイツ氏やスティーブ・ジョブズ氏の手法である。ポーカーのようなハ

ッタリが幅を利かすので、胡散臭いのが短所である。しかし、熱意に負けた投資家からお金をガッポリともらうと、アッという間に会社は大きくなりビジネスは広がる。この立ち上がりの速さは長所である。

最近は、ベンチャー企業への投資としてクラウドファンディングが盛んである。スタンフォード大学では、学生の2人に1人は、自分の主導する物の設計や事の設計について、このクラウドファンディングを立ち上げているらしい。ここでも期限と目標投資額を決めたら、もう補正交渉はできないので、単に賛同者を募るというスタンスになる。**MOT（Management Of Technology）の講義では、このように自分の技術に賛同する投資家を探すというような、米国タイプのイノベーションについて集中的に教えてくれる。**しかし、ベンチャーキャピタルといっても無限に投資してくれるわけがないから、立ち上がりに失敗したら、これまたアッという間に倒産する。すなわち、**米国は多産多死なのである。そのときに稀なチャンスを活かしたものが、市場の利益を独り占めする。**

日本の国家プロジェクトの研究助成金の申請書も、この途中で補正できないタイプのシーズ主導型である。しかし、不思議なことに、補正する必要もないくらい、役所の応募の条件と申請書がマッチングしていることが多い。これは、申請者の有名大学の有名教授が、公募の1年前からお金を出すほうの役人と一緒に、その国家プロジェクトの枠組みを作り始めたためである。つまり、その有名教授は申請書提出直前において、役人の要望を理解し尽くしていた。その結果、その方向に合うように書いた助成申請書は、当然、役人の要望とマッチングする。これはちょっとしたフライングかインサイダー取引に見えるので、交渉できなかった地方大学の先生方はいつも怒っている。このような公募を骨抜きにするような"出来レース"は、一見、シーズ主導型に思えるが、実は交渉補正型である。つまり、公募前に長い"根回し"交渉を必要としていたのである。

第6章　自説を作って一歩踏み出せば創造が近づいてくる

❷ 日本のイノベーションや創造に合う方法は交渉補正型である

　上記の3つのタイプのうち、どれが21世紀の日本に適合するのであろうか。なお、上記の顧客は、たとえば、研究の神様、自社の上司、国家の役人、家庭の伴侶、趣味の友人、等であり、何らかの"What to do"を有して、それを満足する設計解を探している人である。どの設計解を提案しようとも、少なくとも顧客の要求機能を満足する、と明記しないとならない。そうしないと、自説は日の目を見ず、価値が生まれることもないのは確かである。

　米国の野球の大リーグでは、本国や中南米から優秀なアスリートがザクザクと生まれるので、その中から最優秀者を選んでレギュラーとしてチャンスを与える、という方法を取る。たとえば、顧客に当たるチーム監督が、左投げのセットアッパーが欲しい、とジェネラルマネージャーに要求機能を示してドラフトに臨めば、上記のニーズ主導型になる。逆に、アスリートが自分を売り込むとき、チームカラーに合わせる補正は一切せず、契約金が最も大きかったチー

日本の御家芸

国はこの御家芸を21世紀になっても押し通すから、日本はジリ貧になる。

ムを選ぶとしたら、シーズ主導型になる。どちらにせよ、選んだアスリートが結果を出さないと即、解雇だから、当然、多産多死になる。

　一方、日本では、そもそも頑強なアスリートが少ないから、チームは金の卵の新人を適材適所で育てようとして、また、選手もチームのために何をすべきか考えようとして、当初の計画を補正する。つまり、交渉補正型になる。こちらは少産少死である。不思議なことに、日本の大学もこの交渉補正型を選択する。教員はできない学生でも決して退学にしない。研究費が切られて若い教員を泣く泣くリストラするときでも、次の活躍場所を必死に探す。仮に探してくれないような冷たい研究室だったら、学生は自然と集まらなくなる。

　これからの21世紀の日本は、ますます新商品をシームレスに生み出していくことが、会社の存続を決める要因となる。世の中がゼロ成長であっても、一つの会社の中では、古い製品は売れなくなるのだから、その減収分だけ新商品を売らなければならない。このために開発期間を短縮することも重要課題になるのだが、交渉補正型では決定までの時間が異様に長くなる。やっと新発売まで辿り着いても、そこまでの時間が長いと儲ける機会を失ってしまう。**明治以来の御家芸と言わんばかりに、いつもの交渉補正型で21世紀も乗り切ろう、という方針自体が間違っているのではないだろうか。**ボトムアップの交渉だけでなく、もっとトップダウンでバサバサと決断すべきである。

❸ 自説をたくさん考えてニーズ主導型のビジネスを進めよう

　本書が薦めるのは図6.1（a）のニーズ主導型である。とにかく自説を数百個レベルで蓄積しておけば、どんなニーズが来ても対応できる。しかし、これまでの日本では、小学生以来の受験勉強で忙しく、自説自体を作ろうという風潮はなかった。ニーズ主導型のように、ニーズを変えずに、多くの候補の中から最適なシーズ（自説）を選ぶという方法は、候補の数が絶対的に少ないため、マッチングが成立しなかったのである。つまり、このニーズ主導型は、これまでの日本では成立しにくかった。しかし、もはやそのような言い訳をしていた

ら、日本の製造業や大学が沈没する恐れが出てきた。**自説を豊かに増やし、多様的な設計解の候補群を持つことが、喫緊の課題である。**

　マスコミも、日本の大学は沈没するかもしれないと悲観的に描写しているが、決して大学の中が暗いわけではない。むしろ、1980年頃よりは明るくなっている。たとえば、若い教員が自説を唱えると、国や企業が若い教員の限定枠内で研究助成金を数千万円のオーダーで出しているのである。米国に比べれば少産少死であるが、30歳くらいで頭角を現せば、1学年（日本全国で100万人はいるが）に100人くらいの確率で選ばれたエリートクラスの中に入れて、60歳くらいまで裕福に研究できる。少なくとも、今の50歳代の研究者が30歳代のときに感じたような閉塞感はない。これからの20年間も、ノーベル賞受賞者が途切れることなく続くだろう。

　同様に、**プロスポーツのトップアスリートや、音楽・料理・工業デザイン・映像の芸術家のような、個人で競争する分野でも、トップエリートを輩出続けるだろう。**その反面、チーム力で問題解決するのが得意である、と自画自賛していた製造業の会社が危なくなる。若者の層から崩れ始めて、20年後はガタガタになるだろう。筆者は企業の創造演習の講師をやることも多いが、若いエンジニアとファシリテイション（facilitation、討論）をやるとガッカリすることが多い。そのファシリテイションの定義・展開・収束・結論の4段階のプロセスのうち、収束の段階では誰の自説をグループの結論にするかで喧々諤々(けんけんがくがく)の討論を必要とするはずなのに、その代わりに簡単に多数決を取る若者が実に多い。筆者が「各人の自説の優劣を討論せよ」とけしかけても、若者は「討論は余計な摩擦を生んで面倒である」「協調性を基調とした自分の生き方とは異なる」と本気で抗議するのである。「相手の人格ではなく、相手の自説を攻撃するだけである」といくら説明しても、その違いを使い分けることができないのである。このおだやかすぎる性格の破壊が、まず製造業の人材育成に必要となろう。

　留学生を日本人に混ぜてファシリテイションをやると、日本人はたとえ東大生でも、留学生にコテンコテンに負けてしまう。実に見ていて悲しくなる。も

っとも、日本語でなく、英語で討論させると、日本人も強くなる。つまり、討論を逃げることは、個人の能力というよりも、文化の影響が強いのである。**ゆっくりでいいから、若者の性格を攻撃的・個人的・独自的な、一匹狼のフォワードタイプに変えていかないとならない。そうしないと、新商品や発明発見のようなゴールが得られない**。普段の生活では協調的・組織的・集団的であってもかまわないが、仕事になったら役者になったつもりで、アグレッシブでイヤな性格も演じるべきである。

4 自説が本当にイノベーションや創造を生んで、価値に変換できたか

筆者らが本書の内容で若いエンジニアを教育し始めてから、高々、2年しか経っていない。だから、本当に価値を生んだのか、その実例を示せ、と言われてもまだ成功例が少なく、道半ばである。

そこで、本章のコラム 6 に示すように、イノベーションや創造を生んで成功した人を分析すると、彼らは魅力的・情熱的で人間味あふれる個性の持ち主で、挑戦的な自説と生きざまを主張する人物であることがわかる。

しかし、このような説明にも嘘が多い。イノベーションや創造を生んで成功した人の中でも、攻撃的・個人的・独自的な性格を持つ人だけを選んで分析すれば、100 人中、100 人がそうである、と結論付けすることも可能である。筆者の仲間の中でも、頻繁にビジネスマンに会うのが仕事である、と言っている井熊に、コラム 6 で成功者の性格を紹介してもらう。結構、偉大な成功者とは自説とその生き様を、ガンコなまでに主張し続けていたのである。大経営者とは部下の数が異なり、影響力も異なるであろうが、**リーダーは自説を持っているからこそリーダーなのである。どちらに進むのか確固たる自説で方向を示してくれないと、部下は全滅する恐れがある**。20 世紀の日本では、部下の意見の調整をするだけでリーダーは務まったが、21 世紀になるとそうはいかない。リーダーは先頭に立って "What to do" の自説を示していかねば、組織は縮小し続けるのである。

コラム 6
一流の経営者は皆、確固たる自説を持っている

1 成功者は変わっていない

　ある程度の歳になると、昔の友達の中から、偉くなった人が何人も出てくる。大企業の役員、海外で成功している企業のトップ、上場した企業のトップ等々だ。こうした人達と付き合うと、気持ちが盛り上がったり、楽しくなったりすることがよくある。実績があるので自信を持っている、前向きに考えている、語るべき話がある、話術に長けている、等々、成功した人ならではの理由があるのはもちろんだ。

　それに加えて、もう一つ言えるのは、「昔の通り」なのだ。「お前らしいな」「変わってないな」ということをよく感じる。ビジネスの世界には猛烈な逆風、危険な障害物、強力な競争者、等々の厳しいことがたくさんある。多くの人がこれらに心を打ち砕かれる。残念ながら、「昔はあんなに明るいやつだったのに」と思うこともある。

　本当に成功の理由はわからない。ただ、**結果論として、「成功者とは絶え間ない逆風や障害の中で、個人の中の大切なものを打ち砕かれずに維持できた人」**と言うことができる。維持以上に、成功した友人の昔の姿を想い浮かべて、「成長したな」「そんなことを考えられるようになったのか」と感心する面もある。だから、時間を共にすることで元気になれる。

2 成功者は多趣味である

　成功した人を見ていて、もう一つ感じるのは、多趣味、多芸の人が多いことだ。ビジネスの世界では、私的な時間も削り、滅私奉公しないと競争

に勝ち抜けないように見える。しかし、よく考えてみると、そんなことはあり得ないことがわかる。

ビジネスマンとして部下のいる期間と部下のいない期間を比べると、圧倒的に前者の方が長い。**いかに仕事ができる人でも、私生活も無く、仕事以外に話題もないような人に、部下が付いていくだろうか。または、そんな人になりたいと思うだろうか。どんなにAIが発達しても、人間は人間らしい人に付いていきたいと思う。**その源泉となる私生活を大事にした人の成功確率が高くなるのは、考えてみれば当たり前のことなのだ。

筆者の井熊は、大学を出てから四半世紀、母校のクラブのコーチをやっていた。好きでやっていたのは確かだが、「後輩を見捨てられない、勝たせたい」という気持ちも強かった。選手は真剣に練習しているから、仕事が忙しいといって練習場に来ないようなコーチには付いてこない。だから、毎週、絶対にコーチに行けるように仕事を頑張った。その分、他の人が土日に仕事に充てられる時間を失ったのだが、振り返ってみると、得たものの方がはるかに大きかった。

たとえば、金曜日までに絶対に仕事を終わらせよう、と毎週必死だったから、月曜日にから一週間の仕事の段取りをして、仕事のプロセスを考えるようになった。お蔭で仕事をこなすスピードでは誰にも負けないようになった。「全日本のレースを目指す選手と、どうやったら勝てるか」を真剣に考えたことで戦略にも強くなったし、後年マネジメントにも役立った。恐らく、運動部以外の私生活でも、同じような効果はあるはずだ。

3　20年かけて培った趣味には価値がある

社会人は、部活動を「大学生の趣味程度」と思いがちだが、幼少から成人するまでの20年を賭けて選択してきた趣味や活動は、個人を語るうえで大きな意味がある。軽々に捨てていいものではない。社会人に成りたての頃は、心無い先輩の過剰なお節介、あるいは足の引っ張り合い、形だけ

の管理やルールの押し付けで、20年間かけた趣味や活動を犠牲してしまう人がどれほど多いことか。社会人経験の少ない人への旧態のマナーの押し付けが、せっかくの個性を押し殺してしまうという事態は今でも無くなっていない。

　個性ある商品を作るには、社員の個性を大切にする文化やルールが不可欠だ。根拠もなく定型化した出勤時間、10年一日のごとく見直しもなく続いている社内手続き、これだけ情報基盤が発達したのに続いている過半の人が発言しない会議等々と、個々人が20年間余をかけて選択してきた趣味や活動とを比べて、どちらが特徴や個性のある商品のために大事かは議論の余地がない。成功したビジネスマンはこうした本質的な価値観がわかっていたのだ。そこから個人としての主張が生まれ、自説ができあがっていった。

　偉大な経営者は例外なく明確な自説を持っていた。その源流にも、こうした個人としての価値感や主張がある。そう理解したうえで。名経営者の名言から自説を考えてみよう。

（1）得意なことをやった、本田宗一郎

　日本の産業史で最も偉大な経営者の一人、本田宗一郎氏は、「嫌いなことを無理してやっても仕方がない。私は不得手なことは一切やらず、得意なことだけをやるようにしている」と言ったとされる。技術の天才で奔放に生きた宗一郎氏らしい言葉だが、こうした発言にはきちんとした背景がある。

　ホンダ（本田技研工業）、ソニーといった戦後日本の超成長企業を支えたのは、本田宗一郎氏と藤沢武雄氏、盛田昭夫氏と井深大氏、という個性の異なる名経営者ががっちりとタッグを組んだことにある。なかでも個性が強かったのが本田宗一郎氏だ。氏も経営者だから、日々マネジメントの決断を迫られていたはずだ。しかし、宗一郎氏は代表取締役になってから、一度も代表印を押したことがなかったという。得意な技術に打ち込み、経

営は藤沢武雄氏に完全に任せていたからだ。技術への信念が藤沢氏の心を動かし、藤沢氏を信じる姿勢が堅い絆を作りあげたからこそ成せる業だ。

　本田宗一郎氏は、「失敗と成功は裏腹になっている。皆、失敗を恐れるから成功のチャンスも少ない」とも言っている。 ホンダがまだアジアの小さな企業であった頃、ルマン島のバイクレースで優勝したり、F1で勝ったり、まだ自動車が一般家庭に普及していなかった頃ホンダライフを開発したりなど、失敗をものともしない話は数知れない。いずれも、やると言ったときには周囲が「正気か」思うほどのチャレンジだった。そうした想いとチャレンジが、藤沢の心を動かし、世界のホンダを育てたのである。

(2) 任せて任せず、松下幸之助

　本田宗一郎氏と同時代の偉大な経営者の一人が、松下電器産業（現：パナソニック）を世界トップレベルの家電メーカーに育て上げた松下幸之助氏である。「やってみなはれ」と仕事を任せたことで有名だが、何でもかんでも他人に任せていたわけではない。氏の真意を表す「任せて任せず」という言葉がある。もちろん「やってみなはれ」と言いつつ、本心では任せてはいけない、という意味では当然ない。任せるのは放り出すことではなく、最後の責任は任せた自分が取る、という意味である。

　松下電器の最大の強みは、系列店を軸とした販売ネットワークにあった。大手企業が、製品供給力を背景に家族経営の店舗や中小企業を牛耳る、というスタイルはよくある。しかし、松下電器の系列店ネットワークを日本最強のマーケティングラインに成長させたのは、松下幸之助氏への絶対的な信頼と、人間としての魅力による求心力であった。そうした系列店経営者の気持ちを惹きつけたのが、「最後の責任は取るから、任せるぞ」という、経営者として潔くも気高い精神だったのだろう。

　日本の電器メーカーは韓国企業などとのグローバル競争で傷つき大きな損失を出した。パナソニックが、その中からいち早く回復し、再び強固な経営基盤を築こうとしている背景には、松下幸之助氏の作り上げた、こう

したDNAがあることは間違いあるまい。

(3) 正しいと思うことをやる、稲盛和夫

　現代に生きる日本の名経営者として稲盛和夫氏を上げる人は多いだろう。氏の生き方はまさにチャレンジの連続である。京セラを立ち上げ、通信自由化では巨人NTTに対抗して第二電々を立ち上げた。

　稲盛和夫氏は「本当に正しいと思う判断を行い、持てる能力を発揮し、常に情熱を傾けることが人生を成功に導く王道だ」という。稀代の事業家が、正しさこそ事業成功の原点、と話す姿には感銘する。著書「生き方」はその考えを表した名著だ。正しいことをする、という稲盛氏の信念が綴られている。隣国中国でもベストセラーになっている。本当に価値のある言葉は、国境もイデオロギーも超える。

　稲盛氏は「一生懸命に仕事をするというのは、自分が思うよりも、人からそう思われることだ」と言う。高齢になっても衰えることのない事業家としての力を見せつけたのはJALの再建だ。

　稲盛氏は決して誰も考え付かない策を講じたのではない。氏だからこそできたのは、経営破綻し落ち込んだJALの人達の心を支えたことだ。もちろん、卓越した指示や判断は無数のようにあっただろうが、80歳になっても一人部屋にこもり、紙が真っ赤になるくらい文章を添削する姿が、周りの人を心に火を点けていったという。

(4) もっと楽しいクルマを作ろう、豊田章男

　大手メディアで働く大学時代からの知り合いがいる。彼は仕事柄、多くの経営者に話を聞くことがあるそうだ。彼に聞くと、世界をリードする日本の自動車業界にあっても、最も優れた経営者は豊田章男氏だと言う。社長就任早々、アメリカでのリコールへの対応など大変なこともあったが、気がついて見ると、トヨタの車は確かに魅力的になった。かつて、海外で退屈と酷評されたデザインは、今や日本でトップクラスにイケている。特

に、トヨタのプレミアムカー、レクサスの魅力はドイツの御三家の一角を完全に射程距離を入れているように見える。

　デザインだけではない。究極のエコカー、燃料電池自動車は小泉首相時代に比べて価格が20分の1になった。自動運転でも世界のトップレベルにあるとされ、アメリカに組成した組織は、ドリームチームとも言われるほど最先端の人材が集まる。他の企業と一桁違う利益を上げながら、魅力ある車を作り、技術的にチャレンジを続ける姿は理想の企業像だ。

　豊田章男氏は積極的に現場に出ていき、「もっと楽しいクルマをつくろう」 と呼びかけるという。自らレースカーのハンドルを握る章男氏の本音なのだろう。その言葉がクルマ好きの人材を集め、少しずつトヨタの車と技術へのチャレンジを変えていった。

(5) 部下の意見を引き出す職人経営、カルロス・ゴーン

　自動車会社の経営者で積極的に現場に出た、もう一人の名経営者が、日産自動車を立て直したカルロス・ゴーン氏だ。彼もスポーツカーを愛し、就任早々テストコースでハンドルを握った話は有名だ。氏も「社長がオフィスに座っているだけでは、何も前に進まない」という。

　筆者は理工学部出身ということもあり、日産自動車に就職した友人が何人もいる。彼らは一様に「(カルロス・ゴーン氏は)考えもつかないことを言うのではない。ただ、彼の言うことを聴いていると、こうしなくてはいけない、自分達にもできる、と思えるようになる」と言う。社員にこう言わしめる背景には、もちろん卓越した経営力や巧みな話術もあるが、なるほど、と思うシンプルな背景もある。

　外国人経営者ということもあり、外向きにはトップダウンのように見えるカルロス・ゴーン氏だが、実は、部下の言うことに真摯に耳を傾け、部下の意見を引き上げるタイプの経営者だという。トップダウンで示しているように見える策は、部下から徹底的に引き出した意見なのである。**ゴーン氏は社員の心の中の価値感を引き出し、経営者として代弁する役を演じ**

てきたとも言える。こうして現場を持つ人達との徹底的な議論を重ねた末に紡ぎだされた策だから、聴く側の社員の気持ちにスーッと入っていったのだろう。「経営は職人仕事だ」という言葉を裏付けるプロフェッショナルな経営だ。

(6) 横並びの製品は他の会社に任せる、スティーブ・ジョブズ

「経営者の自説」について語るとき、外すことができないのはスティーブ・ジョブズ氏だろう。

「ベルは、電話を発明するとき、市場調査などしたのか」「偉大な製品は情熱的な人々からしか生まれない」「我々は自分達のビジョンに賭けているんだ。横並びの製品を作るのは他の会社に任せるよ」等、氏の残した言葉は痺れるばかりだ。

世界最高の名経営者としてこの世を去った氏だが、その生き方はこうした語録の源泉そのものだ。一度はアップルの経営者の座を追われ、同社の経営危機に伴って経営者に返り咲いた。経営者の座を追われる前も返り咲いた後も、特徴の無い製品を含めたラインアップで市場をカバーしようとはしない。言葉通り、ビジョンを語り、商品を作り続けた。

ジョブズ氏が亡くなった今でも、アップルは、際立った特徴を持つ製品だけで構成された商品構成を維持し、主張し続ける。安易なプロダクトアウトという言葉では表現できない強烈な商品ビジョンだ。

ジョブズ氏は時に感情的であったと言う。人間的には必ずしも評価する言葉ばかりではない。しかし、情熱を持って偉大な製品を生み出し続けることに人生を賭けた経営者に対して、情熱的であることと感情的であることの間に線を引こう思うなら、それは凡人の愚かさとの誹りを免れない。

4 救いを感じる偉大な経営者の生き様

こうした偉大な経営者達の言葉を振り返って、読者の皆さんは何を思う

だろうか。筆者は、感動を覚え、救いを感じる。なぜなら、**名経営者達の自説とは、人間味あふれる生き様そのものだからだ。**

　彼等は、個人としての明確な価値観を持ち、ビジネスの世界でも自らの信じる道を選択してきた。その姿は生き様となって周囲の人を惹きつけ、言葉を発したときに自説となった。誰もが「かくありたい」と思う生き方であり、仕事との関係ではないか。

　そうした生き様を持った人達が、生き馬の目を抜く官僚達が跋扈するビジネスの世界を制し、尊敬を欲しいままにしてきたことに、時に無情にも思えるビジネスの世界の救いが見えるのである。

　もちろん、彼等はただ漫然と好きなことをしてきたのではない。藤沢武雄氏が日々の経営を支えたのは、本田宗一郎氏が鬼神のような迫力で技術に取り組んでいたからである。

　アップルがiPodやiTunesで再生する前に、多くの人がスティーブ・ジョブズ氏に付いて行ったのは、人並み外れた情熱で偉大な商品の開発に身を投じる姿があったからだ。

　こうした人達の生き様は、先に紹介した稲盛和夫氏の「一生懸命に仕事をするというのは、自分が思うよりも、人からそう思われることだ」という言葉にも通じる。**自説を持つためにまず始めに重要となるのは、「他者を動かすほどに情熱を傾ける」**ことだ。

5　誰にでも偉大な経営者と同じ種子がある

　常人が、ビジネスの歴史に残る、偉大な経営者と同じだけの情熱やビジョンを持つことは難しい。しかし、だからと言って、生き様に裏打ちされた自説を持つことにひるむ必要はない。なぜなら、図6.2に示すように偉大な経営者達は決して突然変異ではなく、生き様と自説を持ち悪戦苦闘するビジネスマンの氷山の頂点であるからだ。偉大な経営者だから自説と生き様を持っているのではなく、自説と生き様を持っている数多くの人達

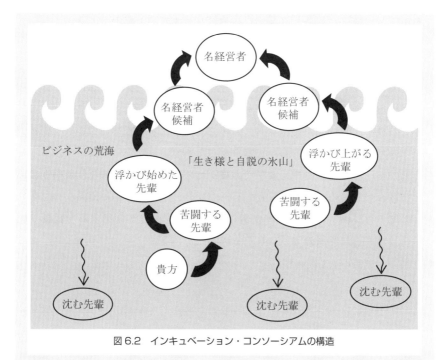

図6.2　インキュベーション・コンソーシアムの構造

の中から偉大な経営者が生まれたのである。彼等のようなスケールや迫力はないかもしれないが、生き様と自説を持ち、頑張っているビジネスマンは数多くいる。

　そう考えたとき、読者の傍にも、小さな本田宗一郎氏がいることを感じられるかもしれない。自説を持ちながら現実と悪戦苦闘している見慣れた姿に共感を覚えるかもしれない。同時に、自身の心の中にも、「そうありたい」と思う生き様と自説の種子があることに気づくのではないだろうか。

　本書では、自説を持って新しい事業に取り組むための能力開発のトレーニング方法を示した。しかし、これらは無から有を生むことを目的としている訳ではない。トレーニングは常に、当人の中に開発されるべき能力の種子があることが前提になる。**誰の中にも自説を持ち、そこから新しいも**

のを生み出す種子があるからトレーニングが成立するのである。

　20年もの経済の低迷が続き、韓国や中国に追い上げられる昨今の日本を見て、本田宗一郎氏や松下幸之助氏のような偉大な経営者の登場を期待するだけなら、巷の居酒屋にあふれるボヤキや愚痴に過ぎない。

　まずは、今に生きる経営者達が、偉大な経営者達の生き様と自説に気づいて、自らを奮い立たせ、リスク管理の名の下に若い人達のやる気やアイデアを殺している、官僚的な組織を変えなくていけない。

　しかし、それと同時に、すべてのビジネスマンが、その人なりの生き様と自説に目覚めることが必要だ。それができ、地位や年齢に関係なく、多くのビジネスマンが偉大な経営者達のような清々とした生き方を目指せば、日本にはまだまだ元気になれる可能性がある。

終 章

自説形成の方法を習得すれば、歳を取ってもアイデアを創出できる

前章までに記した自説形成の方法を習得すれば、自然と自説形成が面倒でなくなり、多数のアイデアが「貯金」できるようになる。また、50歳以上と歳を取っても、さらに向上しようとする意志さえあれば、アイデアは若い頃よりも数多く、湧き出すがごとく創出できる。この自説形成は個人だけでなく、日本の将来にも重要な成長因子である。

1 考えるのが楽しくなったらシメタものである

筆者（中尾）は今日、妻の買い物に付き合って日本橋のデパートに行った。4階の婦人服売り場で試着を楽しむ妻を待つために、柱の裏の椅子に座ってモレスキンのノートを開いて1時間近く考えていた。以下に示すように、話が脱線しまくる。

3カ月も前から、今、流行のIoT（Internet of Things）を研究室でどのように展開しようか考えていた。工場の工作機械や製品の建設機械にセンサを付けるくらいのことはどこの企業もやっていたが、そのセンサの情報をたくさん集めてきても、どうやって価値を生むのか、特にコストパフォーマンスがあるのか、は誰にもわからなかった。10年くらい前にトレーサビリティ（生産情報の追跡）という流行があって、どの会社もセンサを付けて全部品の情報を蓄積していったが、その情報が実際に役に立ったという実例が見つからない。だいいち、追跡が必要になるような事故もクレームも普通は起きない。それほど、日本の品質はまともである。

IoTをやるのならば、絶対に、人間や動物、植物などの生体情報を集めることを設計対象にすべきである。少なくとも、機械ではない。筆者らは、すでに「心の豊かさ」について、ある企業から社会連携講座をもらったし、ビル・ゲイツ氏にもそんな類のことを言って、寄附講座のお金をもらってきた。後には引けない。社会連携講座では中川聰先生を特任教授で雇ったが、彼は「スーパーセンシング」というフォーラムを学外で始めて40社近くから協賛金を集めてきた。**そのフォーラムで、IoTの試作品を皆で作ろうと設計を始めたが、ほとんどのグループが上記の生体情報を使ったものを要求機能としてあげたのである。**たとえば、「心のストレスを実時間で計る」「ペットの気持ちを汲み取る」「赤ん坊の泣く要因を探す」「観葉植物の声を聞く」というようなプロジェクトである。やはり、社会は生体情報に興味を持っているのである。しかし、要求機能はいくらでも設定できるが、設計解が見つからないのである。今や、圧力、

温度、加速度、位置、匂い、pH、接触、振動、光、音、風、などは、MEMS（Mechanical Electrical Micro Systems）で作った小さな安いセンサが入手できて簡単に測定できるようになった。しかし、ストレスやリラックスはどうやって計るのだろうか。エンジニアの出番である。

　第3章で述べた脳波が、設計解の一つになることは間違いない。たとえば、図2.1に示したように、ゲル付きの小さなコイルを4つくらいつけて、バンダナのように頭の周りに軽く固定すればよい。また、心拍も体温も簡単に測定できる。アドレナリンのような脳内物質も計りたいが、インスリンのように血を一滴だけ採取して測定できないだろうか。そして、もう一つ、第2章の本文に示したが、呼吸を計ってみようと思い付いた。それは中川先生が2年前に心臓の手術を受けたが、手術後、呼吸だけが自分でコントロールできる"生きている証"だった、という話に感動したからである。考えてみれば、呼吸のタイミングやリズム、深さは人間がコントロールできる。それもコントロールが意識下にある瞬間は、たとえば、脳を集中状態に入れようとヨッシャ！の気合いとともに息を吐くとき、または、集中から瞑想の状態へと遷移しようと、フーと深く静かに細長く吐くとき、または、瞑想から睡眠の状態へと遷移しようと、アーアというあくびと一緒に息を吐くとき、などである。この息で遷移状態を検知できないだろうか。

　図7.1（b）はノートに描いた呼吸測定方法のアイデアである。腹や胸にひずみ計を貼り付けて、横隔膜の変化を測る方法はよく知られているが、今回は鼻から吐くか、口から吐くか、細く吐くか、静かに吐くかも知りたい。人によっては、吐く息よりも吸う息を意識に置く人もいるらしい。細かいことはこれからの話である。なお、このページはチャイコフスキーの祝典序曲1812年を聞きながら書いた。先日、自衛隊の観閲式に行ったが、式の後に軍楽隊が1812年を、105mm榴弾砲の空砲と一緒に演奏してくれて迫力があった。オーケストラのCDでは大太鼓だからドンドンと聞こえるが、榴弾砲はもっと高周波にタンタンと聞こえたが、あまりに音が大きすぎて音楽が聞こえなくなった。**オーケストラのパーカッションはリズムの進行には大事でも、観客はピアノや**

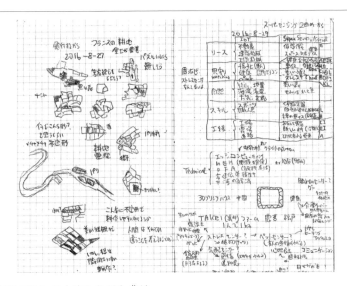

(a) 左はフランス上空から見た農地。
不定型は人間の多様性の表れ？ 右はスーパーセンシングのプロジェクトの分類。生体情報を皆が知りたいが、具体的な内容は多種多様。

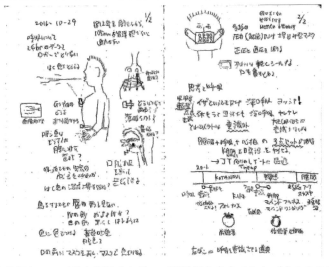

(b) 生体情報として呼吸を測ろうと思って設計解を考えてみた。(a) から2カ月後。

図7.1　生体反応を測るセンサについて

フルートの方に耳を傾けるので、小太鼓に向ける意識は薄い。呼吸と同じである。いつもは無意識で息をしている。

　図7.1 (a) は、(b) の2カ月前のノートである。左はフランスの農地を飛行機から見た絵であり、あまりの不定形に、美しいと思ったが、あまりにも農地を区切る人間の考えが個人個人で違うことに感心した。左はスーパーセンシングのプロジェクトを要求機能ごとに場合分けした表である。皆が生体情報に興味を持っていることを、このとき初めて知った。しかし同じ生体情報でも、具体的な要求機能になると、フランスの農地のように多種多様であった。だから面白い。

　図 7.2 に設計アイデアの醸成の時間変化を、横軸を時間、縦軸を具体度にとって、イメージ図を描いてみた。**ポツポツと泡のように何度か抽象的な考えが浮かぶが、具体化に結ばずにすぐに忘れてしまう。しかし、あるとき、違和感や感動のような強い刺激が入って、要求機能や設計解がパタパタとビッグバンのように決まり、30分間くらいの短期間に具体化・細分化が進んでしまう。**それからは開発という長く苦しい作業が続く。そのビッグバンの前には、生まれるのは泡だけというモヤモヤ期間が、3カ月や1年もの長期間で続いた。しかし、それでも考えようと意思を持っていると、どこかでビッグバンとしてま

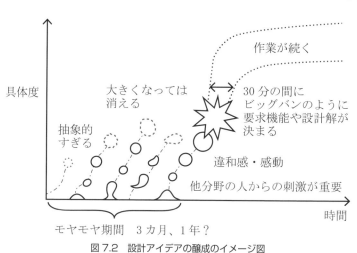

図7.2　設計アイデアの醸成のイメージ図

とまることもある。考えることを止めてはいけない。泡が成功をもたらす。

2 歳をとるほどアイデアが出る

　ここから筆者は中尾から井熊へバトンリレー。同じ歳なのに彼は成長中らしい。本当か？

　10数年前まで創発戦略センターの仕事は環境とエネルギー分野にほぼ限られていた。それが最近では、シニア、ダイバーシティ、次世代交通、地域開発、等まで広がっている。その分だけ、従来にはない発想力が求められる。

　「新しいことを考え続けるのは大変だね」といろいろな人に言われる。「もっと歳をとると続かなくなるのでは」と言われることもある。しかし、本人は少なくとも発想力という点に関しては何ら不安を感じていない。なぜなら、**歳をとって、発想力は衰えるどころか発達しているようにすら感じるからだ。**

　環境、エネルギー中心から大幅に拡大した業務範囲で、専門的な知識を持った多くの研究員が独自のプロジェクトを立ち上げ、論文を書き、書籍の執筆に取り組んでいる。部門長であるから、すべての活動に対してアドバイスをしなくてはならない。そのためには大変な勉強をしなくてはならないはずなのだが、本人は意外なほど負担感がない。

　ほとんどの分野で若手の研究員より、はるかに多くのアイデアを提供することができる。その内容も、ビジネスモデル、ファイナンスモデル、契約ターム、政策モデル、技術洞察、業務改革、等々多岐にわたる。もちろん、知識では各々専門分野の研究員に敵わないが、アイデアでは圧倒できている。

3 筋肉は衰え、頭は冴える

　大学生の頃はボート部に所属していた。毎年、夏の大学選手権を目指して半年も合宿して体を鍛えまくった。その結果、オリンピック選手の体力測定の結果を聞かされても、「この程度？」と思えるくらいになれた。

それから30数年を経て、体力は見る影もなく衰えた。今でも体力作りはしているが、筋力も持久力も回復力も衰えた。どんなに鍛えても、30数年の歳月は人間の体力を確実に低下させる。視力の低下も著しい。老眼になったこともあるが、眼の耐力がなくなった。昔は大阪東京間の新幹線の中で、ぶっ通しでパソコンを打てたものだが、今では1時間くらいやると気持ちが悪くなってくる。

　しかし、**発想力は違う。30数年を経ても衰えることはない。むしろ、成長していると思う面もある**。10数年前の自分だったら、拡大した業務範囲のプロジェクトや論文に執筆に今ほどいろいろなアドバイスをすることはできなかったと思う。

　筋肉と脳の寿命の違いもあるのだろうが、一番の違いは、脳については学習効果が蓄積されることではないかと思う。スポーツでも経験を積めば経験した数だけ技が蓄積されるが、技を表現するための筋肉が衰えるのでアスリートとしてのパフォーマンスは落ちる。それに脳が蓄積する情報や経験知に比べたら、スポーツの技の数は知れたものだ。

　一方、脳の学習効果は重層的だ。もちろん、長く生きていれば情報の量は増えるが、それ以上に効果的なのは、情報の組み合わせ、アウトプットに結びつくプロセス、ソリューションを生み出すためのフォーマット、などの回路が充実してきた感じである。これらが瞬時に結びつき、新しいパターンやソリューションが生まれる。

　こうした脳の機能は50代後半になっても衰えた気がしない。少なくとも30代のときより機能アップしている。だから、知識が不足している分野の話でも知識が上の若手を凌ぐアイデアを引き出すことができる。

4 脳の機能を高めたと思われるトレーニング

　当然のことながら、誰もが50代後半になっても脳の機能が落ちない訳ではない。この歳になって脳の機能が維持できているのはトレーニングの成果だと

思う。効果があったと思い込んでいることをいくつか紹介しよう。

1つ目は、社会の動きを定点観測のようなイメージでインプットし続けることだ。具体的には日経新聞と日経ビジネスを毎日、毎週欠かさず目を通している。同紙（誌）を選んでいるのは、ビジネス分野で最も売れており、扱う範囲が広い媒体だからだ。その分だけ優れた編集者の目で世の中の情報が選別され並べられているはずだ。

情報のフィルタリングをこうした人達に任せているということだ。したがって、拾い読みはしない。拾い読みをすると、せっかく整理された情報を自分自身の目で選別してしまうからだ。信頼したフィルターで整理された順番にしたがって情報をインプットしていくことが大切だ。

同じ情報を同じソースから毎日、毎週インプットしていると、頭の中に世の中の変化がグラフのようになって連なるイメージができあがってくる。関数がわかれば少し先の数値が予測できるように、世の中の動きが見えてくるような気になる。

2つ目は、ストーリーづくりを続けてきたことだ。今回で表紙に名前が載る本を出すのは62冊目になる。その回数だけ、世の中のテーマを取り上げ、情報を掻き集め、ストーリーとして練り上げてきたことになる。本を出すには10万字の文章を書かなくてはならないが、全編が切れ目のないストーリーになっている訳ではない。10万字を構成するのは1000〜2000字くらいの小噺だ。それがうまい具合につながると、読む人を惹きつけるストーリーになる。小噺を作り10万字にまとめ上げる、というプロセスを何十回も繰り返すと誰でもストーリーづくりに強くなる。

小噺の発端の多くは本の題名に関係する切り口だが、中には題名とあまり関係のないたとえ話や引用もある。無駄にも見えるが、それがないと教科書みたいな無味乾燥の読み物になってしまう。「情報基盤」のトレーニングはこうした本の構造を想定したものだ。

3つ目は、現場に出続けていることだ。日本の管理職の一つの問題はオフィスの中での議論に時間を使い過ぎていることだ。部下からいろいろな情報を集

めても同じような通勤ルートで通い、同じオフィスビルの中で、同じ職種で、同じような学歴と給料レベルの人達が議論していると、発想に限界が来るだけでなく、特定の価値観に嵌まり込んで勘違いをするというリスクが生じる。

　ビジネスの発想の原点は常に現場にある。商談、契約交渉、製造現場、建設現場、等々だ。苦しいかもしれないが、現場にどれだけ長く足を運び続けるかが、どれだけ長く発想を続けられるかを左右する。管理職になっても、プレイングマネージャーの意識を忘れずに、子供のような年齢の人達と現場を走り続けていることが発想力を鍛えたと思う。

　四つ目は、体を鍛えてきたことだ。健全な精神は健全な肉体に宿る、という言葉もあるが、肉体があまりにも衰えると発想力を保つことも難しくなる。脳は体の中でも特に良質な栄養と酸素を必要とするといわれる。それを供給するのは身体なのだから、身体が衰えると脳の働きにも悪い影響が出るはずだ。また、スポーツなどで体を鍛えると気持ちがポジティブになるので、前向きな発想をしやすくなる。

　もちろん、発想力を高めるために筋肉隆々になったり、マラソン選手のような有酸素能力を持つ必要はない。発想ということだけ考えるなら、脳に必要な栄養と酸素を送り込み、健康を維持し、気持ちがポジティブになるような適切なトレーニングだけをすればいいのだ。

5 結局は向上心ということ

　5つ目は、結局これが一番大事だと思うのだが、向上心を保ち続けることだ。スキーは半世紀くらい続けている。今でもゲレンデに出れば、1日20本くらい滑って、テーマを決めて練習を繰り返す。エレキギターは40年弾いている。極限まで速く引くために毎日2分でも3分でも練習を欠かさない。ゴルフは意外といい。ゴルフほど、うまくなろうと思って、テーマを持って練習したりプレーしたりするスポーツは無いからだ。ゴルフおじさんを舐めてはいけない。文章を書くときは、ワード1ページを書く時間を決めている。30分が基準だが、

1時間になることはないし、基準に達しない場合は達成できなかった理由を考える。変わっていると思うかもしれないが、パフォーマンスが気にならなくなったら、技術や能力はどんどん落ちる。

向上心を持ち続けられた理由は二つあると思っている。

一つは、自分自身のためだ。仕事でも趣味でも、努力しているレベルが上がると、成果が出て楽しくなる。恐らく、収入も上がるだろうし、時間の使い方も効率的になる。その分だけ人生が充実する。

もう一つは、次の世代の人達と対話できるようになることだ。過去の経験だけを頼りに上からモノを言う高齢者は若者から避けられる。高齢者が増えたせいか、最近は歳が相当に上でも、同じように手を動かし、体を動かす人であれば、若者は耳を傾ける。歳をとっても額に汗して懸命に働く人を周囲は受け入れる。親子の関係もしかりだ。

考えてみれば、昔は、人間は死ぬまでコミュニティの中で何らかの役割を担ってきた。どこの街でも横丁のタバコ屋でお婆さんが座っていたし、大工の棟梁も体が動くまで現場に出ていた。それが、いつの間にか、1億総サラリーマン化して、元気なのに定年で働かなくなることが普通になった。まだまだ体が動くのに引退したと思って、努力することも鍛えることも止めてしまう人が何と多いことか。その分の負担が若い人の肩と心に重くのし掛かる。

科学が発達したおかげで我々は多くの肉体労働から解放された。今では、仕事というものの多くは、オフィスで頭を使ったり、パソコンで事務処理することになった。その分、脳の機能を維持しておけば、肉体労働が中心だった時代より長く働くことができて、その分、向上心を保てる。

尽きないトレーニング意欲は、来るべきシニア大活躍時代に備えた体の反応だとポジティブに捉えている。

再び筆者を井熊から中尾へバトンリレー。

こんなスーパーマンのような上司がいると、部下も大変である。しかし、彼が偉いのは、この5つの自己流トレーニングを20歳からやり続けていること

である。どんな人間も 30 年後には変わるはず。中尾の経験によると，自説形成ならば、1 年も続ければ人間が変わる。変わらなければ、就活で内定が取れない。世の中が変わってきたのである。第 2 章で示したように、夏目漱石曰くの「考えよ、語れ、行え」が大事である。まずモレスキンのノートを買って、自説を書いてみよう。

索引

アルファベット

DMN 130
DP 49

EEG 73

fMRI 73
FR 47

illumination 70
incubation 70

MBA 9
MEG 73
MOT 152
MRI 52

PET 73
preparation 70
PV 50

verification 70

あ

アイデアマン 29,150
アブダクション 4
アルファ波 74
安全欲求 15

い

稲盛和夫 161
イノベーター育成 40
イノベーション 41,92
意味ネットワーク 78
インキュベーション 11
インダクション 4
インターネット 65
イントゥイション 4

え

エウレカ効果 70
エリート候補 33
演繹 4
エンジニア 44

か

仮説 23
仮説推量 4,59
仮説立証 41

型破り	28
価値観基盤	112,123
カルロス・ゴーン	162
感性基盤	112,117

き

既成概念	117
期待感	129
帰納	4
機能的磁気共鳴画像法	73
共感	129

く

クラウドコンピュータ	65

け

経験基盤	114,125
検証	70

こ

向上心	175
交渉補正型	150
構想力	115
心の彷徨	6,52
コンソーシアム活動	128
コンピュータ	64

し

思考過程	47
自己実現欲求	14
自己主張	23
シーズ主導型	151
自説	23
自説形成	104,148
自説形成法	62
シータ波	75
社会的ニーズ	108
社会的欲求	15
受験勉強	33
手法基盤	128
準備	70
情報基盤	113,120
情報分析	2
持論	23
人生設計	31

す

スティーブ・ジョブズ	163

せ

成功者	157
生理的欲求	15
設計解	49

設計対象 47

そ
想像 23
創造 41
創造課題 77
創造力 2
属性 50
組織改革 143
尊厳欲求 15

ち
直観 4

て
ディダクション 4
デフォルトモードネットワーク
.... 82,130

と
豊田章男 161
トレーニング 143

な
納得感 129

に
ニーズ主導型 150
ニューロフィードバック 75,87

ね
ネガティブ秀才 36

の
脳科学 61
脳活動計測 76
脳磁図 73
脳の思考のイメージ 25
脳波 74

は
反復継続 31
バイオフィードバック 87

ひ
ビッグデータ 66
閃き 70

ふ
孵化 70
ブレーキ型ポジティブ秀才 38
フロー 127

プロジェクトによる方法論............. 144
プロダクトアウト 139

へ
ベータ波 74
ベンチャービジネス 9

ほ
ポジティブ秀才 37
ポジティブ心理学........................... 126
ポータブル脳波計 85
本田宗一郎..................................... 159

ま
マインドフルネス............................127
マインドワンダリング 6,52,80
マーケティング 145
マズロー... 14
松下幸之助..................................... 160

み
未来のニーズ................................... 141

も
妄想.. 23
問題解決 2,107

よ
要求機能...................................... 45,48

り
リスク管理..................................... 166
リーダー.. 156

著者紹介

中尾 政之（なかお まさゆき）
1983年、東京大学工学系研究科修士課程修了。同年、日立金属株式会社勤務、1992年東京大学工学系研究科産業機械工学専攻助教授、2001年同教授。
専門は生産技術、ナノ・マイクロ加工、加工の知能化、創造設計と脳科学、失敗学。
著書に「設計のナレッジマネジメント」（日刊工業新聞社）、「生産の技術」（養賢堂）、「失敗百選」「続・失敗百選」「続々・失敗百選」（森北出版）など。

上田 一貴（うえだ かずたか）
2004年、広島大学大学院生物圏科学研究科博士課程後期修了。博士（学術）。
東京大学先端科学技術研究センターを経て、現在、東京大学大学院工学系研究科機械工学専攻特任講師。専門は認知神経科学、感性工学など。所属学会／Society for Neuroscience、日本臨床神経生理学会、日本認知心理学会、ヒューマンインタフェース学会など。

井熊 均（いくま ひとし）
1983年、早稲田大学大学院理工学研究科修了。
三菱重工業を経て、1990年、株式会社日本総合研究所入社。㈱アイエスブイ・ジャパン取締役、㈱イーキュービック取締役などを歴任し、2006年日本総合研究所執行役員、2014年には同常務執行役員に就任。環境・エネルギー分野におけるベンチャービジネス、公共分野におけるPFI事業、中国・東南アジアにおけるスマートシティ事業の立ち上げなどに関わり、新たな事業スキームの提案。公共政策、環境、エネルギー、農業などの分野で60冊の著書を持つ。

木通 秀樹（きどおし ひでき）
1997年、慶応義塾大学理工学研究科後期博士課程修了。博士（工学）。
石川島播磨重工業（現IHI）を経て、現在、株式会社日本総合研究所創発戦略センターシニアスペシャリスト。専門は新市場開拓を目指したスマート社会インフラシステム構想プロジェクト開発、および、再生可能エネルギー等の技術政策の立案。著書に「IoTが拓く次世代農業-アグリカルチャー4.0の時代-」、「なぜ、トヨタは700万円で『ミライ』を売ることができたか？」（共著／日刊工業新聞社）など。

劉 磊（りゅう らい）
2004年、東北大学工学部卒。東北大学大学院工学研究科博士後期課程終了。工学博士。
GEヘルスケア・ジャパン株式会社にて研究開発職を経て、現在株式会社日本総合研究所 創発戦略センター スペシャリスト。IoT、ビッグデータ活用の企業コンサルティング業務の傍ら、社会問題解決に向けた公民連携コンソーシアム活動に従事。

創造力を鍛える マインドワンダリング
―モヤモヤから価値を生み出す東大流トレーニング NDC 501

2017年2月24日 初版1刷発行

(定価はカバーに表示
されております。)

著 者©	中尾政之, 上田一貴,
	井熊均, 木通秀樹, 劉磊
発行者	井 水 治 博
発行所	日刊工業新聞社

〒103-8548　東京都中央区日本橋小網町14-1
電　話　書籍編集部　東京　03-5644-7490
　　　　販売・管理部　東京　03-5644-7410
　　　　FAX　　　　　　　　03-5644-7400
振替口座　00190-2-186076
URL　http://pub.nikkan.co.jp/
e-mail　info@media.nikkan.co.jp

印刷・製本　㈱ティーケー出版印刷

落丁・乱丁本はお取替えいたします。　　2017　Printed in Japan
ISBN 978-4-526-07674-9

本書の無断複写は、著作権法上での例外を除き、禁じられています。